国家出版基金项目
NATIONAL PUBLICATION FOUNDATION

蒲辅周

川派中医药名家系列丛书

刘建 蒲志孝 主编

中国中医药出版社

·北 京·

图书在版编目（CIP）数据

川派中医药名家系列丛书 . 蒲辅周 / 刘建，蒲志孝主编 . — 北京：中国
中医药出版社，2018.12（2021.5 重印）

ISBN 978 - 7 - 5132 - 5016 - 0

Ⅰ . ①川… Ⅱ . ①刘… ②蒲… Ⅲ . ①蒲辅周（1888–1975）—生平事迹
②中医临床—经验—中国—现代 Ⅳ . ① K826.2 ② R249.7

中国版本图书馆 CIP 数据核字（2018）第 112685 号

中国中医药出版社出版

北京经济技术开发区科创十三街 31 号院二区 8 号楼
邮政编码 100176
传真 010-64405721
廊坊市祥丰印刷有限公司印刷
各地新华书店经销

开本 710×1000 1/16 印张 9.5 彩插 0.5 字数 160 千字
2018 年 12 月第 1 版 2021 年 5 月第 3 次印刷
书号 ISBN 978 - 7 - 5132 - 5016 - 0

定价 39.00 元
网址 www.cptcm.com

社 长 热 线 010-64405720
购 书 热 线 010-89535836
维 权 打 假 010-64405753

微信服务号 zgzyycbs
微商城网址 https://kdt.im/LIdUGr
官 方 微 博 http://e.weibo.com/cptcm
天猫旗舰店网址 https://zgzyycbs.tmall.com

蒲辅周铜像

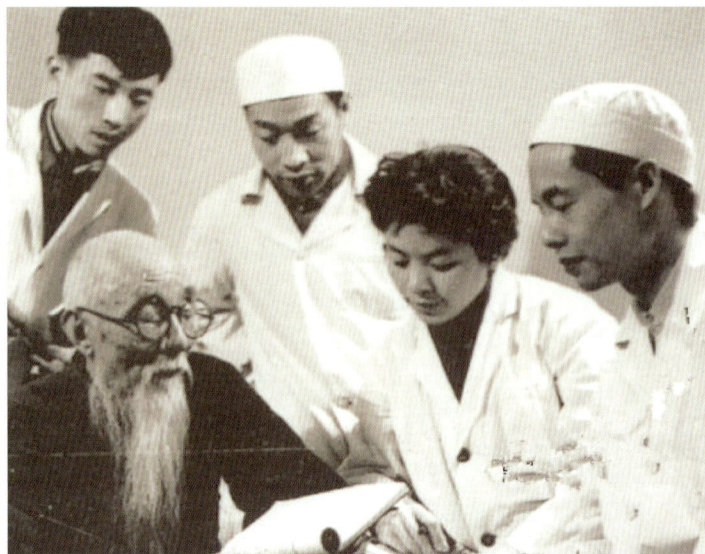

蒲辅周为学生讲课（图中老者）

蒲辅周与学生（左二）

中医临床大家国医圣手蒲辅周

故痘疹之來路乃因人事所遭成其由內伏然毒再盛春寒所
致者一也
茲謂十八年之疫疹因天時所致十九年以後之疫疹因人事
所遭成理固然矣然則人事之致疹原因不外過暖煤毒人氣
三因致此三因不自十九年以後所起世界繁華將近百年矣
何以十八年以前未聞疫病為疫也是何故歟蓋再有說焉嘗
攷諸疾病史如天痘始於後漢馬援征五陵蠻所得幾為人人
必患之病證無鼻苗令無牛痘以扺制剤其害拾洪水猛
歌也然馬援以前未聞有天痘之病何以後漢發現天痘便流
行不紀乎可知疫病之發源必有其端疫之傳染拾人其毒之
盡者即時就發輕者則伏藏至來年始發一發之後互相傳染
遠沿門闥涼矣

蒲輔周手迹

蒲辅周处方真迹1

蒲辅周处方真迹2

总序————加强文化建设，唱响川派中医

四川，雄居我国西南，古称巴蜀，成都平原自古就有天府之国的美誉，天府之土，沃野千里，物华天宝，人杰地灵。

四川号称"中医之乡、中药之库"，巴蜀自古出名医、产中药，据历史文献记载，自汉代至明清，见诸文献记载的四川医家有 1000 余人，川派中医药影响医坛 2000 多年，历久弥新；川产道地药材享誉国内外，业内素有"无川（药）不成方"的赞誉。

医派纷呈　源远流长

经过特殊的自然、社会、文化的长期浸润和积淀，四川历朝历代名医辈出，学术繁荣，医派纷呈，源远流长。

汉代以涪翁、程高、郭玉为代表的四川医家，奠定了古蜀针灸学派。郭玉为涪翁弟子，曾任汉代太医丞。涪翁为四川绵阳人，曾撰著《针经》，开巴蜀针灸先河，影响深远。1993 年，在四川绵阳双包山汉墓出土了最早的汉代针灸经脉漆人；2013 年，在成都老官山再次出土了汉代针灸漆人和 920 支医简，带有"心""肺"等线刻小字的人体经穴髹漆人像是我国考古史上首次发现，应是迄今

我国发现的最早、最完整的经穴人体医学模型，其精美程度令人咋舌！又一次证明了针灸学派在巴蜀的渊源和影响。

四川山清水秀，名山大川遍布。道教的发祥地青城山、鹤鸣山就坐落在成都市。青城山、鹤鸣山是中国的道教名山，是中国道教的发源地之一，自东汉以来历经 2000 多年，不仅传授道家的思想，道医的学术思想也因此启蒙产生。道家注重炼丹和养生，历代蜀医多受其影响，一些道家也兼行医术，如晋代蜀医李常在、李八百，宋代皇甫坦，以及明代著名医家韩懋（号飞霞道人）等，可见丹道医学在四川影响深远。

川人好美食，以麻、辣、鲜、香为特色的川菜享誉国内外。川人性喜自在休闲，养生学派也因此产生。长寿之神——彭祖，号称活了 800 岁，相传他经历了尧舜夏商诸朝，据《华阳国志》载，"彭祖本生蜀"，"彭祖家其彭蒙"，由此推断，彭祖不但家在彭山，而且他晚年也落叶归根于此，死后葬于彭祖山。彭祖山坐落在成都彭山县，彭祖的长寿经验在于注意养生锻炼，他是我国气功的最早创始人，他的健身法被后人写成《彭祖引导法》；他善烹饪之术，创制的"雉羹之道"被誉为"天下第一羹"，屈原在《楚辞·天问》中写道："彭铿斟雉，帝何飨？受寿永多，夫何久长？"反映了彭祖在推动我国饮食养生方面所做出的贡献。五代、北宋初年，著名的道教学者陈希夷，是四川安岳人，著有《指玄篇》《胎息诀》《观空篇》《阴真君还丹歌注》等。他注重养生，强调内丹修炼法，将黄老的清静无为思想、道教修炼方术和儒家修养、佛教禅观会归一流，被后世尊称为"睡仙""陈抟老祖"。现安岳县有保存完整的明代陈抟墓，有陈抟的《自赞铭》，这是全国独有的实物。

四川医家自古就重视中医脉学，成都老官山出土的汉代医简中就有《五色脉诊》（原有书名）一书，其余几部医简经初步整理暂定名为《敝昔医论》《脉死候》《六十病方》《病源》《经脉书》《诸病症候》《脉数》等。学者经初步考证推断极有可能为扁鹊学派已经亡佚的经典书籍。扁鹊是脉学的倡导者，而此次出土的医书中脉学内容占有重要地位，一起出土的还有用于经脉教学的人体模型。唐代杜光庭著有脉学专著《玉函经》3卷,后来王鸿骥的《脉诀采真》、廖平的《脉学辑要评》、许宗正的《脉学启蒙》、张骥的《三世脉法》等,均为脉诊的发展做出了贡献。

咎殷,唐代四川成都人。咎氏精通医理,通晓药物学,擅长妇产科。唐大中年间,他将前人有关经、带、胎、产及产后诸症的经验效方及自己临证验方共378首,编成《经效产宝》3卷,是我国最早的妇产科专著。加之北宋时期的著名妇产科专家杨子建(四川青神县人)编著的《十产论》等一批妇产科专论,奠定了巴蜀妇产学派的基石。

宋代,以四川成都人唐慎微为代表撰著的《经史证类备急本草》,集宋代本草之大成,促进了本草学派的发展。宋代是巴蜀本草学派的繁荣发展时期,陈承的《重广补注神农本草并图经》,孟昶、韩保昇的《蜀本草》等,丰富、发展了本草学说,明代李时珍的《本草纲目》正是在此基础上产生的。

宋代也是巴蜀医家学术发展最活跃的时期。四川成都人、著名医家史崧献出了家藏的《灵枢》,校正并音释,名为《黄帝素问灵枢经》,由朝廷刊印颁行,为中医学发展做出了不可估量的贡献,可以说,没有史崧的奉献就没有完整的《黄帝内经》。虞庶撰著的《难经注》、杨康侯的《难经续演》,为医经学派的发展奠定了基础。

史堪,四川眉山人,为宋代政和年间进士,官至郡守,是宋代士人而医的代表人物之一,与当时的名医许叔微齐名,其著作《史载之方》为宋代重要的名家方书之一。同为四川眉山人的宋代大文豪苏东坡,也有《苏沈内翰良方》(又名《苏沈良方》)传世,是宋人根据苏轼所撰《苏学士方》和沈括所撰《良方》合编而成的中医方书。加之明代韩懋的《韩氏医通》等方书,一起成为巴蜀医方学派的代表。

四川盛产中药,川产道地药材久负盛名,以回阳救逆、破阴除寒的附子为代表的川产道地药材,既为中医治病提供了优良的药材,也孕育了以附子温阳为大法的扶阳学派。清末四川邛崃人郑钦安提出了中医扶阳理论,他的《医理真传》

《医法圆通》《伤寒恒论》为奠基之作，开创了以运用附、姜、桂为重点药物的温阳学派。

清代西学东进，受西学影响，中西汇通学说开始萌芽，四川成都人唐宗海以敏锐的目光捕捉西学之长，融汇中西，撰著了《血证论》《医经精义》《本草问答》《金匮要略浅注补正》《伤寒论浅注补正》，后人汇为《中西汇通医书五种》，成为"中西汇通"的第一种著作，也是后来人们将主张中西医兼容思想的医家称为"中西医汇通派"的由来。

名医辈出　学术繁荣

中华人民共和国成立后，历经沧桑的中医药，受到党和国家的高度重视，在教育、医疗、科研等方面齐头并进，一大批中医药大家焕发青春，在各自的领域里大显神通，中医药事业欣欣向荣。

四川中医教育的奠基人——李斯炽先生，在 1936 年创立了"中央国医馆四川分馆医学院"，简称"四川国医学院"。该院为国家批准的办学机构，虽属民办但带有官方性质。四川国医学院也是成都中医学院（现成都中医药大学）的前身，当时汇集了一大批中医药的仁人志士，如内科专家李斯炽、伤寒专家邓绍先、中药专家凌一揆等，还有何伯勋、杨白鹿、易上达、王景虞、周禹锡、肖达因等一批蜀中名医，可谓群贤毕集，盛极一时。共招生 13 期，培养高等中医药人才 1000 余人，这些人后来大多数都成为中华人民共和国成立后的中医药领军人物，成为四川中医药发展的功臣。

1955 年国家在北京成立了中医研究院，1956 年在全国西、北、东、南各建立了一所中医学院，即成都、北京、上海、广州中医学院。成都中医学院第一任院长由周恩来总理亲自任命。李斯炽先生继创办四川国医学院之后又成为成都中医学院的第一任院长。成都中医学院成立后，在原国医学院的基础上，又汇集了一大批有造诣的专家学者，如内科专家彭履祥、冉品珍、彭宪章、傅灿冰、陆干甫；伤寒专家戴佛延；医经专家吴棹仙、李克光、郭仲夫；中药专家雷载权、徐楚江；妇科专家卓雨农、曾敬光、唐伯渊、王祚久、王渭川；温病专家宋鹭冰；外科专家文琢之；骨、外科专家罗禹田；眼科专家陈达夫、刘松元；方剂专家陈潮祖；医古文专家郑孝昌；儿科专家胡伯安、曾应台、肖正安、吴康衡；针灸专家余仲权、薛鉴明、李仲愚、蒲湘澄、关吉多、杨介宾；医史专家孔健民、李介民；中医发展战略专家侯占元等。真可谓人才济济，群星灿烂。

北京成立中医高等院校、科研院所后，为了充实首都中医药人才的力量，四川一大批中医名家进驻北京，为国家中医药的发展做出了巨大贡献，也展现了四川中医的风采！如蒲辅周、任应秋、王文鼎、王朴诚、王伯岳、冉雪峰、杜自明、李重人、叶心清、龚志贤、方药中、沈仲圭等，各有精专，影响广泛，功勋卓著。

北京四大名医之首的萧龙友先生，为四川三台人，是中医界最早的学部委员（院士，1955 年）、中央文史馆馆员（1951 年），集医道、文史、书法、收藏等于一身，是中医界难得的全才！其厚重的人文功底、精湛的医术、精美的书法、高尚的品德，可谓"厚德载物"的典范。2010 年 9 月 9 日，故宫博物院在北京为萧龙友先生诞辰 140 周年、逝世 50 周年，隆重举办了"萧龙友先生捐赠文物精品展"，以缅怀和表彰先生的收藏鉴赏水平和拳拳爱国情怀。萧龙友先生是一代举子、一代儒医，精通文史，书法绝伦，是中国近代史上中医界的泰斗、国学家、教育家、临床大家，是四川的骄傲，也是我辈的楷模！

追源溯流　振兴川派

时间飞转，掐指一算，我自 1974 年赤脚医生的"红医班"始，到 1977 年大学学习、留校任教、临床实践、跟师学习、中医管理，入中医医道已 40 年，真可谓弹指一挥间。俗曰：四十而不惑，在中医医道的学习、实践、历练、管理、推进中，我常常心怀感激，心存敬仰，常有激情冲动，其中最想做的一件事就是将这些中医药实践的伟大先驱者，用笔记录下来，为他们树碑立传、歌功颂德！缅怀中医先辈的丰功伟绩，分享他们的学术成果，继承不泥古，发扬不离宗，认祖归宗，又学有源头，师古不泥，薪火相传，使中医药源远流长，代代相传，永续发展。

今天，时机已经成熟，四川省中医药管理局组织专家学者，编著了大型中医专著《川派中医药源流与发展》，横跨两千年的历史，梳理中医药历史人物、著作，以四川籍（或主要在四川业医）有影响的历史医家和著作为线索，理清历史源流和传承脉络，突出地方中医药学术特点，认祖归宗，发扬传统，正本清源，继承创新，唱响川派中医药。其中，"医道溯源"是以民国以前的川籍或在川行医的中医药历史人物为线索，介绍医家的医学成就和学术精华，作为各学科发展的学术源头。"医派医家"是以近现代著名医家为代表，重在学术流派的传承与发展，厘清流派源流，一脉相承，代代相传，源远流长。《川派中医药源流与发展》一书，填补了川派中医药发展整理的空白，是集四川中医药文化历史和发展现状之大成，理清了川派学术源流，为后世川派的研究和发展奠定了坚实的基础。

我们在此基础上，还编著了《川派中医药名家系列丛书》，汇集了一大批近现代四川中医药名家，遴选他们的后人、学生等整理其临床经验、学术思想编辑成册。预计编著一百人，这是一批四川中医药的代表人物，也是难得的宝贵文化遗产，今天，经过大家的齐心努力终于得以付梓。在此，对为本系列书籍付出心血的各位作者、出版社编辑人员一并致谢！

由于历史久远，加之编撰者学识水平有限，书中罅、漏、舛、谬在所难免，敬望各位同仁、学者提出宝贵意见，以便再版时修订提高。

中华中医药学会　副会长

四川省中医药学会　会　长

四川省中医药管理局　原局长　　杨殿兴

成都中医药大学　教授、博士生导师

2015 年春于蓉城雅兴轩

李序 ——————————————————————————

　　老先生以其术之精、德之诚而为当代大医，蜚声中外。20 世纪 70 年代，高辉远撰《蒲辅周医案》，一经问世，纸贵洛阳。余展卷三读，觉蒲翁论医，则循循精要，有顿开茅塞之功；处方，则落落清疏，极炉火纯青之妙。高坚之叹，令人久不绝于口也。

　　蒲君志孝，幼承家训，濡染弥深。及长，悬壶梓里，医名日噪。但蒲君弗满足于现状，常以未竟蒲翁之学系怀，因每于岁杪，赴京问难，所聆精要，悉录备忘。积年成帙，言言珠玉。今更分类厘定，合为一卷，名曰《蒲辅周医话》。成书示余，知此书于基础理论、临床方治及治学诸道，莫不赅备，率皆新颖见解，不流蒲辅周俗套，足以活人，且每寓微言大义于谈笑间，起危疾于平淡之剂。盛仰蒲翁学问之深宏，也佩志孝箕裘之克绍。与高氏前作并存，可谓珠联璧合矣。

　　蒲翁忙于诊务，未遑著述，其六十余年所积之精英，得高君、志孝之妙笔而流传于世。二君远播徽音之德，当伯仲于华山岫云之间矣。

李孔定

丙寅季夏既望于绵阳

序 ———————————————————————————————————————

中医古称岐黄，肇始于三皇五帝之时，垂至今日，历史长河已纵跨汪洋数千年。如此深厚的积淀，若干朝代所涌现出的名医有如群星辉映天空，绽放华彩。这些技艺精湛、神化无方的名医，诚如先贤所言：上古有神农、黄帝、岐伯、伯高、雷公、少俞、少师、仲文，中世有长桑、扁鹊，汉有公乘阳庆、仓公、仲景与华佗，而其后又有金元四大家，温病叶、薛、吴、王诸子等代表人物，可谓代不乏人，各领风骚。及至当代，因政治昌明，国运日盛，学术之风一振颓靡而春意盎然，更是名医辈出，状若雨后春笋。然论及才德声望，中华人民共和国成立初期，蒲辅周与岳美中可谓最为杰出的代表，不仅名动大江南北，且蜚声海外，而岳老亦向蒲辅周取法煮散治疗反复感冒，不仅体现了蒲辅周虚怀若谷之品行，更彰显其学术造诣之精深。

蒲辅周生于清末，幼时家境贫寒，早年习儒，然清廷腐朽，时政黑暗，虽有济世之心，而终觉壮志难酬，故而于十五岁时改从祖父学医，侍诊兼苦读医经，日以继夜，精勤不倦，历时三年而独立悬壶，医名渐起而名噪乡梓。其后临证愈多，积学愈广，技艺愈纯，竟一路出梓潼，入成都，上北京而登现代中医学治疗温病之巅，并曾担任中央领导保健医等重要职务。因其学养深厚、疗效卓著而被周恩来总理称赞为"高明中医，又懂辩证法"。回顾蒲老一生，耕耘治学，赤诚为民，彪炳杏林，名垂医史，而这一切，诚如他自己所说："学业贵专，人的精力有限，我的智力也仅中人而已。如果忽而学这，忽而学那，分散精力，终竟一事无成。"是以据其子志孝回忆，数十年来，即使对琴棋书画之类雅好，蒲老亦从不一顾。其嗜于医、专于医而精于医的治学态度足堪后人师法。尤其蒲老早年于家乡行医时曾因误用桂枝汤发汗而摘牌停诊，闭门读书达三月之久，其不讳己过，追求真知近乎痴狂的立身处世方式不仅令人动容，更引人肃然起敬！

蒲老少时秉承家学，又勤求博采，故断证确而立方谨，足为后学楷模，到北京后，培养出了很好的接班人，迄今已成为中医界之中流砥柱。蒲老遗留之著作虽不太多，但理、法、方、药井井有条，在医疗方面影响之大，并世少与伦匹。20世纪50~70年代，蒲老在挽回中医颓势、发扬中医固有特色方面做出了一定的贡献，使中医之政治地位、临床疗效、理论基础的巩固与提高有了长足的进展。蒲老治疗温病，已至炉火纯青之境。

蒲老在中华人民共和国成立后仅仅度过不太长的晚年，却是后雕松柏，晚翠枇杷，贡献十分巨大。虽然在新中国之中医工作中，做出历史性贡献者不止蒲老一人，可是蒲老在学术上的全面、品格上的端方、操行上的循良、关系上的团结，都是无疵可索、无美不备的。

因毕生忙于诊务，蒲老无暇撰著，一如众多历史名医，虽声名远播，甚至动于朝野，却未留雪泥鸿爪。温病学派奠基者——清代名医叶桂，据《清史稿》载："大江南北，言医者辄以桂为宗，百余年来，私淑者众。"其每日接诊者逾百人，几致车马塞巷、舟楫满江。幸有弟子顾景文将其泛舟洞庭湖时之口述整理润色成《温热论》；华岫云广搜医案，分门别类，加注按语而成《临证指南医案》，用以传承叶学，造福后世，现皆成为经典名著。蒲老之学，蒙周恩来总理等国家领导人关怀，20世纪70年代出版了《蒲辅周医案》《蒲辅周医疗经验》，21世纪初又由蒲老之女志兰整理出版了《中国百年百名中医临床家丛书·蒲辅周》等著作，今借四川省中医药管理局"川派中医药名家学术思想及临床经验研究"专项课题之机，由四川中医药高等专科学校刘建先生与蒲老之子蒲志孝号召组织，我们课题组成员再献一册"川派中医药名家系列丛书"《蒲辅周》，为蒲学添砖加瓦，继往开来，愿黎民康泰、老安少怀！

余等蒲老家乡后学，有幸参与课题，感悟医宗圣道，既可升华蒲学，又可融会新知。把蒲老的临床经验和学术思想奉献给广大中医药学工作者，不仅对初学者大开方便之门，而且对同道具相资恩泽。百花齐放，园景缤纷，川派归流，海容深阔，乃落笔成文，略述景仰。

蒲辅周学术思想及临床经验研究课题组

2014 年 2 月

编写说明 —————————————————————————

　　绵阳，作为四川的第二大城市，地处涪江中上游，历史悠久，文化繁荣，人杰地灵，蒲辅周就出生在涪翁生活过的这片土地上。他的不少事迹深深感动着我们，他的理念深深影响了现代中医院校的教育框架。

　　为了更好地传承和发扬中医药，让中医药学子更好地为人民健康服务，我们成功申请了2012年四川省中医药管理局的科研课题（2012cp30）"蒲辅周学术思想及临床经验研究"。在团队同仁的积极配合下，经过1年多的辛勤工作，我们收集整理了蒲老的生平事迹，中央或地方领导人对其的评价，家属、学生的回忆，蒲老公开发表的论文著作，以及传承人所收藏蒲老尚未发表的遗作。在行政支持和指导下，我们成立了蒲辅周生平事迹、学术思想、临床经验、医案整理与评价小组，经过努力，每个课题成员都创造性地完成了各项工作，并辑成"川派中医药名家系列丛书"《蒲辅周》。本书以《蒲辅周医案》《蒲辅周医疗经验》作为主要资料源，专题研究蒲辅周的学术思想，并将其思想从多角度全方位做系统整理与归纳，更有利于后世全面地继承其学术精髓。全书共计10余万字。我们试图通过本书的出版，第一次在正式出版物中展示蒲老亲手书写的处方，第一次基本理清蒲老在成都的行医线路，反映以蒲老为主的中医临床大家对现代中医院校教学模式的支持，展示蒲老强调医药不分家的杰出成就。

本书的撰稿由编委分工完成，定稿由主编全权负责。在收集资料时，得到了蒲辅周后人、学生后人、成都中医药大学、北京中医药大学、西南科技大学、绵阳师范学院、四川中医药高等专科学校、梓潼县人民政府、梓潼县政协、绵阳市卫生和计划生育委员会、绵阳市地方志办公室、四川中医药高等专科学校附属医院及学校书法协会的大力支持。成书过程中得到了四川省首届十大名中医李孔定的鼓励和支持，并为本书提前作序。在整理编写过程中参考了高辉远、蒲志孝、薛伯寿、蒲志兰、李兴培等的有关心得体会。薛崇成、薛伯寿、何正显、王发渭、李兴培和江蓉星先生审定了本书书稿。四川省名中医李培、景洪贵、李先梁主任中医师对成书给予了大力支持。本书的撰稿还由唐艳、杨静、杨琪、杨清共同参与完成，文字录入工作由赵娜、胡晓桥等完成，一并在此深表感谢！

蒲老的学术思想博大精深，我们只是尝试着从整理、分析的角度去理解、研究。就书籍资料来说，1905～1955年这五十年间的资料极度缺乏，不尽翔实，论著单薄，然而蒲老真正的成长也在这五十年。选用蒲老成果和论文的标准是根据我们的出发点来定的，这些资料都具有极高的学术价值。据成都中医学院老一辈的学长们回忆，李斯炽、邓绍先和卓雨农等对蒲老相当钦佩，中医研究院的王文鼎、赵锡武、岳美中和钱伯煊等对蒲老也交口称赞。一个名医之所以能取得震惊医坛的显赫成绩，必然与其指导临床思维的学术思想密切相关，益加令我等更加努力研究和学习蒲老的学术思想和临床经验。

由于时间紧迫，课题组人员水平有限，内容中存在的欠缺和不足，甚至错误，敬请各位同仁提出宝贵意见，以进一步弘扬蒲老的学术思想和临床经验。

刘　建　蒲志孝

2017 年 12 月

目　录

生平简介

蒲辅周

蒲氏三世精医，祖父蒲国祯和父亲蒲显聪皆为当地名医，惟诊务繁忙，鲜暇著述，仅从蒲辅周著述零星披露而知其治病立法制方简洁朴实，卓有成效。蒲辅周在继承家学的基础上，有着自己突出的发展和创新。

一、中医世家、精研医理、名闻乡里

1888 年 1 月 12 日，蒲辅周生于四川省梓潼县西溪沟（今潼江村），少名启宇。兄弟姐妹七人，启宇居长，幼时读书，聪明过人，且喜学好问。其祖父蒲国祯和父亲蒲显聪都是当地名医，蒲家在梓潼县东街开办了"杏林堂"。受家庭熏陶，启宇 11 岁后便边上学边由祖父讲授医书，15 岁开始刻苦攻读中医。启宇铭记家训，白天在"杏林堂"侍诊，聆听教诲，耳濡目染，渐得家传之秘。18 岁时，启宇便独立开业应诊于乡间，当时还举行了庄重简朴的出师仪式。他一直遵循祖父教诲之"医乃仁术"，从小立下了"济世救人"之志。启宇对就诊的患者一丝不苟，认真诊断，活人济众，1907 年便已在县城小有名气。

1908 年，启宇为表明济世救人的志向和感激病人的赞誉，改名辅周，取"辅助贫弱、周济病人"的意思。

蒲辅周对自己一向严格要求，从不文过饰非。他早年在家乡行医时已享有声誉，但由于一次偶然的失误便毅然停诊 3 年。期间，他闭门读书，反思自己的不足，甚至花了 1 个月将借来的一部日人编著的《皇汉医学》抄录读完，并感慨地说："外国人尚于中医有如此精深研究，中国人岂甘自卑！"其严于自律的精神可见一斑。

蒲辅周平易近人，医术高超，大受民众欢迎。梓潼县为贫困山区，民众贫穷，他同情人民疾苦，想方设法为老百姓的健康服务。他首先在梓潼县城办"同济施医药社"，不仅以身作则，一丝不苟地为求诊者治病，而且还打破门户之见，请当地名医轮班义诊，自己还带头为贫困患者资助药费。

1921 年，蒲辅周又挂牌行医。他早出晚归为灾民义诊，施药。由于长期在农村行医，深谙劳动人民的疾苦，他主张用药就地取材，尽量不花钱、少花钱，方便群众。水牛角、黑羊角、韭菜、莲藕、鲜竹叶、鲜芦根、胡桃、猪板油等药物，一般医生较少使用，但在农村俯拾皆是，蒲辅周常用它们来代替贵重药物。梓潼当地不少百姓患外感热病，他用单验方来治疗，充分体现了中医简、便、廉、效的特点，深受群众欢迎。1931 年，他倡议成立了梓潼县"同济施医药社"。1934 年，他又拿出节俭之资，共买田五十亩扩大"同济施医药社"的规模，请名医免费为贫困者诊病、施药。1934 年 4 月 28 日举办"药王会"，蒲辅周开堂收弟子薛崇成和郑松君。

二、二上成都、技惊杏林、光耀省城

由中医学徒到一代名医，蒲辅周走过了精研医道的艰难历程。他白天诊病，晚上精心研读中医经典。1917 年，蒲辅周到成都开业，业务发展不如梓潼好，数年后返回梓潼行医。1934 年，蒲辅周又赴成都行医，住成都会馆。蒲辅周好读书，好钻研，在参加成都国医公会办的训练班之后，于暑袜北一街 158 号开业行医。1935 年，蒲辅周的大弟子薛崇成亦到成都学习。同年冬天，成都温病流行，患者拥堂塞铺。46 岁的蒲辅周详细诊断，认定此系"寒包火"，思索再三，将麻黄研末作为引子发放。果然，经他看病无不效验，于是名噪省城。

成都名医荟萃，各有专长，名医居寓堂皇，诊费昂贵，起诊大洋一元，出诊另加，贫民岂敢问津。蒲辅周不同，黎明即诊病，诊费随病家自给，对穷苦患者，还在处方上盖上"凭此方到鼓楼北三街庚鼎药房拣药不收分文"的印章，同时，在成都亦办起了"同济施医药社"，并与"泰山堂"订下合同，无钱买药的患者经他免费诊断后，可持他的特定处方去"泰山堂"抓药，账记在他名下，由他定期去结算。凡就诊者莫不应手而愈。尤其令他欣慰的是，成都乃医林名流汇集之地，先生以医会友，相互切磋，医理精进，造诣日深，同道中咸敬佩之。此间数年，蒲辅周以医活人，内、妇、儿科俱精，尤善外感热病，诊断精细，辨证准确，用药审慎。蒲辅周还特别讲究药物炮制，重要的方药多在成都名药店"泰山堂"等配制，所以，他的方药疗效特佳，治愈了许多危重患者。

三、十全高手、誉满首都、精擅保健

1955 年，国务院在北京成立卫生部中医研究院，向各省征调著名中医，担负科研、教学、医疗重任。全国各地共调了 30 多位中医，蒲辅周以四川省中医妇科专家的身份，第一批奉调到卫生部中医研究院（现名中国中医科学院）工作。

1956 年，北京地区流行乙型脑炎，许多医生仿效头年石家庄地区治疗乙型脑炎的经验，沿用白虎汤，结果无效。蒲辅周翻阅文献，通过客观、仔细、全面地分析，改用湿温法诊治，大获神效，使许多垂危患者起死回生，挽救了众多患者的生命。

1958 年，蒲辅周对流行性乙型脑炎、腺病毒肺炎、冠心病和肿瘤等疾病进行重点观察，独辟蹊径，辨证论治，总结出了治疗的规律，显示了蒲辅周医术弘深的功底。

1960 年，蒲辅周 72 岁，当选第三届全国政协常委，任广安门医院内科主任。有时晚间政协有活动，他便搭公共汽车前往，同仁问为何不向院里要车，他说："现在汽油缺少，节省点汽油，可以用于国家建设。" 1962 年，他加入了中国共产党，按照周总理指示，卫生部和中医研究院（现名中国中医科学院）组织人员先后整理出版了《蒲辅周医案》《蒲辅周医疗经验》《中医对几种急性传染病的辨证论治》《流行性乙型脑炎（第一辑）》等书，日本《汉证》杂志特辑发表长文《蒲辅周医案研究》。1965 年，蒲辅周当选为第四届全国政协常委，任中医研究院副院长、国家科委中医专题委员。1966 年，蒲辅周 77 岁，任中医研究院党委委员、中华医学会常务理事、中国农工民主党中央委员、中央领导保健医师。他侧重老年病研究，探索老年体质的特殊性、老年病证的多样性、老年用药的规律性，写了许多病例、临床体会。

1975 年，蒲辅周当选为第四届全国人大代表。在担任中央领导保健医师期间，蒲辅周总结归纳了 12 字诊治老年病的方法，即 "辨证（症）准，立法慎，选方精，用药稳"。蒲辅周十分重视老年保健。他说："老年人尤其要使足下暖，这对血液循环有好处。饮食有节，多吃五谷杂粮，不可过饱，亦不可忍饥。饭后缓行百步。药补不如食补。服药以冀长生，何异痴人说梦。服药不节欲，亦自伤生。保持思想乐观，是减少疾病的重要因素。"

蒲辅周长年忙于教学、科研、临床、学习，上午上班，下午会诊，长期超负荷运行，年近九旬，深感精力不济，自语"行将就木"，但仍忙碌不已，终于病倒。1975 年 4 月 29 日，因积劳成疾，蒲辅周病逝于北京医院，享年 87 岁。其骨灰一半安放于八宝山，一半经特批安葬于梓潼县丝公山，梓潼县委、县政府为其立碑。

蒲辅周一生忙于诊务，无暇从事著作，晚年由其门生整理出版了《蒲辅周医案》《蒲辅周医疗经验》《中医对几种急性传染病的辨证论治》《中医对几种妇女疾病的治疗方法》《温病述义》等，尚有《介寿堂随笔》未能出版，实属遗憾。

临床经验

川派中医药名家系列丛书

蒲辅周

　　总结蒲辅周临床经验的资料有很多，我们阅读了不少关于蒲辅周的经验介绍后，发现其中有两条最重要：一是辨证论治，二是整体观念。下面从几个方面分述之。

一、重视时令气候对疾病的影响

　　蒲辅周很重视《内经》中的天人相应观。他认为自然气候、地理条件与人体疾病的发生、发展与转化有密切关系，要重视时令气候对疾病的影响，强调临床"必先岁气，毋伐天和"，指出外感热病的治疗必须掌握季节性。举例如下：

　　1945 年夏末，成都连绵大雨，街巷庭院积水，许多小孩患麻疹，发热不止，疹毒在皮下隐伏不出，医生们用辛凉宣透法医治，不见疗效，患儿丧生者与日俱增。蒲辅周心急如焚，冥思苦索几个夜晚，突然从中医运气学说中得到启悟，断定此次成都小儿麻疹与多雨温热的季节气候有密切关系，于是改用温化之法，在方药中加入麻黄一味，使患儿疹毒豁然而出，热退神清而愈。此法推广，均获奇效，为防治麻疹病立了奇功，被传为佳话。此后，蒲辅周又闻梓潼霍乱流行，日死数十人，即将霍香正气丸处方寄去，嘱咐家人将处方多多抄写，公布各乡；还专门从成都汇款到梓潼，用来购药，并按霍香正气散原方配制，分成小包，半价散发，贫困者则分文不取。蒲辅周通过清化湿热的方法防止了霍乱的大流行，拯救了不少患者，名望大震。

　　1955 年，在国务院总理周恩来的关怀下，蒲辅周奉调北京，在中医研究院（现更名为中国中医科学院）从事中医临床、教学和科研工作。次年 8 月北京乙脑（流行性乙型脑炎）大流行，好像故意考验蒲辅周是否有真本事一样。此前（1955 年），石家庄地区总结了用白虎汤治疗乙脑的成功经验。1956 年，北京地区乙脑流行，8 月初北京方面的医生按照石家庄的经验（清热解毒养阴），用中药白虎汤、犀角、羚羊角粉和注射青霉素、输氧等治疗，均不奏效。有的患者不仅高热不退，而且病势加重。患者急剧增加，疫情大有蔓延之势，严重危及人民，特别是儿童的生命安全。卫生部采取紧急措施，组织中西医专家组成乙脑医疗工作组，在北京市传染病医院和儿童医院进行观察治疗。在此紧要关头，蒲辅周作为专家组成员，提出了独特的见解。他说，此次北京地区的乙脑，用温病治疗的大原则是正确的，石家庄的治疗经验也是很宝贵的，但关键在于具体问题具体分析，要辨证施治，中医历来讲究"必先岁气，毋伐天和"，治疗外感热病必须掌握季节气候的特点。石家庄与北京的乙脑虽同在暑季，但石家庄久晴无雨，乙脑患者偏热，属暑温，用白虎汤清热润燥，故见奏捷；而北京雨水较多，天气湿热，患者偏湿，属湿温，倘不加辨别而沿用清凉苦寒药物，就会出现湿遏热伏，不仅高热不退，反会加重病情。正确的办法是采用宣解湿热和芳香透窍的药物，湿去自然热退（当时所用的主要药物是鲜藿香、广郁金、佩兰、香薷、川黄连、荷叶等，以及白虎汤加苍术和三仁汤等）。蒲辅周之见，群医称是，即改为宣解湿热、芳香透窍及通阳利湿法，效果立竿见影，不少危重患者转危为安，一场可怕的病疫得以迅速遏止。1956 年 9 月 4 日，《健康报》在头版报道了这场战果，"运用中医温病治疗原则治乙型脑炎，北京市不少危重脑炎患者转危为安"，一时在全国传为佳话，中医界尤其为之鼓舞。

1956 年 10 月至 1957 年 9 月，蒲辅周先后在《中医杂志》发表了《参加治疗流行性乙型脑炎的一些体会》及《流行性乙型脑炎中医辨证施治的一般规律》等经验总结。此后，蒲辅周又对腺病毒肺炎、冠心病和肿瘤等疾病进行观察研究，总结治疗规律，取得较大成绩。

二、治疗外感时病的经验

蒲辅周强调"必先岁气，毋伐天和"，以擅治温热病，包括各种急性传染病著称。每当危急之际，他能洞察毫厘，通权达变，出奇制胜。

（一）重视节候变化与时病发生规律的研究

蒲辅周指出，"时病指的是春夏秋冬季常见的急性发热性疾病，古人统名之为伤寒、热病，如《内经》云'今夫热病者，皆伤寒之类也'，一切外感病称时病，也称六气为病"。他认为，治疗外感热病必须掌握季节性，一年十二个月，有六个气候上的变化，即风、火、暑、湿、燥、寒。学习中医学，尤其是治疗急性病，要掌握这个规律，也就是说，要熟悉四时五运六气的变化规律。

大寒、立春、雨水、惊蛰，这四个节气六十天，为初之气，主厥阴风木，此时的外感病多为风温、春温，亦有气温反寒而病寒疫的。春分、清明、谷雨、立夏，为二之气，主少阴君火，其病多属温热病范围。小满、芒种、夏至、小暑，为三之气，主少阳相火，其病称为暑温病；积热成火，到这个季节，外感病多在暑证范围。大暑、立秋、处暑、白露，为四之气，主太阴湿土，其时多雨，外感病多属湿温范畴。秋分、寒露、霜降、立冬，为五之气，主阳明燥金，时病秋燥；这个季节，雨水少了，自然界万物枝萎叶黄干枯，因此为之燥。小雪、大雪、冬至、小寒，为六之气，主太阳寒水，这时伤寒病多；若冬阳偏胜，气候应寒反暖，这时的外感病叫冬温。强调"必先岁气"，就是讲研究四时五运六气为病的一般流行规律，找出属风温、春温、暑温、湿温、秋燥、冬温等之病机，才能进行有针对性的正确治疗。

（二）对外感时病的辨证论治

1. 春季时病

春温：蒲辅周认为，风为百病之长。风邪多从口鼻或皮毛侵入人体而致病。春阳过盛，感受温风而病者，名"风温"。

风温证：发热，微恶风寒，头痛目胀，有汗或无汗，口干或心烦口渴，鼻干或塞，或胸闷，咽干或咽痛，或渴或不渴，身困或酸而不甚痛，小便黄，舌红苔白或黄，脉浮数（右大于左）。病在上焦，属手太阴，法宜辛凉解表，宜银翘散、桑菊饮二方出入化裁为主。除了按吴鞠通之银翘散和桑菊饮原方加减外，另有微恶寒者，略佐葱白、苏叶透邪外出，见效甚快；夹湿者，加滑石、芦根、通草；咽痛者，加僵蚕、射干；心烦者，不用葱白，加栀子，即合用栀子豆豉汤。蒲辅周反复告诫：风温初起，总以达邪外出为要，切不可过早使用寒凉，冰伏其邪，热不得越而内陷，致延长病程甚至恶化。

若在春季偶遇暴寒，其发病多与伤寒相似。症状为憎寒，发热，头身痛，胸闷不饥，或欲呕或泻，或口干不欲饮，舌质暗，苔白而秽。治法宜芳香温散和解，不宜辛凉苦寒，用加味香苏饮化裁。加味香苏饮为伤风感冒常用方，苏叶一钱，陈皮八分，香附一钱，甘草三分，防风一钱，葛根八分，羌活五分，荆芥五分，僵蚕一钱，桔梗五分，枳壳五分，豆豉二钱，葱白三寸。咽痛甚者加射干一分五钱；感寒重者可合用三拗汤；头痛甚者，加川芎、僵蚕、白芷、蔓荆子；身痛加羌活、防风；项背痛加葛根；呕加半夏、生姜；若呕吐，下利，腹痛，可用藿香正气散加生姜；若无汗、身痛兼有胃肠不和，症状夹杂，可用五积散为末，每服五钱，加生姜三片，水煎温服。五积散（《太平惠民和剂局方》）：白芷、川芎、茯苓、甘草、当归、肉桂、白芍、半夏各三两，橘皮、枳壳、麻黄各六两，苍术二十四两，干姜四两，桔梗十二两，厚朴四两。上药为粗末，每服三钱，加生姜三片，水煎服。五积散功能解表散寒、温中消积，适用于外感风寒，内伤生冷，症见恶寒重发热轻、无汗、头身痛、不欲食、胸腹胀痛或恶心呕吐。

2. 夏季时病

（1）先夏至日为病温，一般称之为"温热"

蒲辅周认为，"温热"病多发生于春分、清明、谷雨、立夏这四个节气之中，为二之气，主少阴君火。温热病发病较快，历代医家治疗此病以存津液为主。初起有表证者，可酌用银翘散合栀、豉以解之。若不效，心烦便秘者，可用凉膈散两解之。若表解里热盛，大烦渴、汗大出、脉洪大有力者，可用白虎汤清解之。脉大而芤，热甚津伤，或加人参或加沙参、玉竹。

蒲辅周认为，春夏之交，一般为热病三四天后，表证已罢，高热不退，烦渴引饮，或有时谵语，目赤气粗或汗不出。此时因肺胃津伤不能达热外出，不能再用表剂重伤津液，然而又无里实证，不可用下药再伤正气，唯宜生津退热轻宣之法引热外出，可用二鲜饮生津退热。蒲辅周谈到，二鲜饮是他的经验方，他在老家农村行医时用于治疗热病三四天后，表证已罢，高热烦渴，常用鲜芦根三两，鲜竹叶约一两，浓煎取汁口服，不拘冷热，此方有类白虎汤的作用。有衄血者加鲜茅根一握（约二两），煎成再加童便半杯兑服，屡获满意效果（有类似犀角地黄汤的作用）。

（2）后夏至日为病暑

夏至后热盛于上而下迫，湿蒸于上而上腾，湿热交蒸，风行其中，人在气交之中感之而病者，即为暑病。蒲辅周认为，静而得之为"中暑"，即所谓"阴暑"；动而得之为"中暍"，即所谓"阳暑"。暑为阳邪，病本为热，阴暑乃暑天贪凉受寒所致，并非暑用阴也。

暑温、湿温都是季节流行病。暑和湿各居六气之一，在每年六气用事各主六十日。春分以后至秋分以前的一百八十天内是君火、相火、湿土三气错综相互为用，所谓热、火、湿混合为一，故夏秋之间的外感病多发病急而见症不一。

在夏至后至立秋前，时病症状多热盛湿轻，宜暑温法治之（先用辛凉，次用甘寒，终用甘酸）。暑温致病的特点为风、暑、湿三气夹杂，发病快、变化速，主要出现下列三组症状。初起若兼暑湿闭滞，表实无汗，舌苔白秽，可用新加香薷饮（香薷、鲜扁豆花、厚朴花、金银花、连翘）；若心烦，舌赤，苔黄，用香薷饮加黄连，名黄连香薷饮；若初起头痛身热，微渴，心烦，有汗，小便短涩，舌赤苔白或黄，可用黄连香薷饮合六一散（滑石六两，甘草一两，为末，每服三钱，用汤药兑服），或用二鲜饮。

暑温本病证治：高热面赤，心烦口渴，或四大症（身大热、大烦渴、大汗出、脉洪大），甚则昏厥抽搐。此乃纯热不兼湿之证，名为"中暍"，宜用辛凉重剂白虎汤主之（注意乙脑患者发病前期也多有此症）。脉芤者加人参；若夹湿身重者，宜白虎汤加苍术；若汗多，脉散大，喘渴欲脱者，急用生脉散；若暑邪入营，出现神昏谵语，可用清营汤、清宫汤加减，酌用至宝丹、安宫牛黄丸、紫雪丹等。蒲辅周认为，症见消渴、烦躁、神昏谵语、时热时厥者，属于邪入厥阴，可用连梅汤或椒梅汤。连梅汤：黄连、乌梅肉、麦冬、生地、阿胶。椒梅汤：黄连、黄芩、干姜、白芍、川椒、乌梅、人参、枳实、半夏。

暑温病后期暑伤津气，以益胃生津为主，可予益胃汤。

湿温病多发生于大暑、立秋、处暑、白露夏秋之际，为四之气，主太阴湿土，其时多雨，此时外感病多属湿温。

湿邪之害，不同于暑。蒲辅周认为，盛暑之时必兼湿，湿盛之时不一定兼暑；暑邪只从外入，而湿邪兼于内外；暑邪为病骤而易见，湿邪为病缓而难知。湿热病四时均有，湿温病则发于夏秋之间，外受之湿或从雨露而得（从天得）；或从地气潮湿中得（从地得）；或从饮食所得，如过食膏粱厚味、甜腻水果、嗜酒茶饮，久服寒凉，皆能损伤脾阳，使运化力弱而生湿浊。

湿温在上焦，症见头痛，恶寒，身重疼痛，苔白不渴，胸闷不饥，面色淡黄，午后热盛，状若阴虚，脉弦细而濡。

蒲辅周说，湿邪黏滞，病难速已，其来渐，其去慢。在治疗过程中，忌讳汗法与下法，误汗则神昏耳聋，下之则洞泄，治宜芳香化浊、通阳利湿，以三仁汤灵活运用。这正体现了叶天士在《外感温热篇》中所说：湿温病最难的就是补阴和救阳，救阴不在血，而在津与汗，通阳不在温，而在利小便。喘促者，宜用千金苇茎汤加杏仁、滑石。湿温之邪由膜原（温病辨证指的是邪在半表半里阶段）直走中道，表现为不饥不食、机窍不灵，宜三香汤：瓜蒌皮、桔梗、黑山栀、枳壳、郁金、香豉、降香末。

若湿郁三焦，升降失司，用五个加减正气散。若身痛脉缓，舌苔淡黄，渴不多饮，汗出热解，继而复热，用黄芩滑石汤湿热两清。

若湿温邪气中于阳虚脾弱之人，蒲辅周认为可发为"寒湿"。"寒湿"病症状：脉沉迟而濡，身无大热，口不渴，小便清，大便多溏，或身痛重着，手足肿痛，但头汗出，脊背喜暖。治宜温中利湿，胃苓汤加木瓜、炮姜；寒盛者酌加川附子；脉浮虚而涩者，宜桂枝附子汤。

3. 秋季时病

秋季时病多发生在秋分、寒露、霜降、立冬时节，为五之气，主阳明燥金，时病秋燥。这个季节，雨水少了，自然界万物枝萎叶黄干枯，因此为之燥。

秋分时节，暑气未消，秋阳过盛，感之而病者，则为温燥；霜降、立冬时节，秋气凉劲肃杀，万物凋谢，此时感之而病者，为凉燥。

（1）温燥证

症见微热不恶寒，头胀目胀，鼻干龈肿，唇干咽干，或咽痛呛咳，清窍不利，脉细数，舌红苔薄黄，小便数，可用吴氏翘荷汤。翘荷汤：薄荷、连翘、生甘草、黑栀皮、桔梗、绿豆皮。若肺燥喘咳，痰黏咽干者，可用喻氏清燥救肺汤；痰多加贝母、瓜蒌；血虚者加细生地；口渴加花粉；烦热加知母。

（2）凉燥证

症见初起头痛，身微热，微恶寒，喉痒呛咳，无汗鼻塞，形似风寒，唇干咽燥，脉浮细数，舌红苔白而干燥，宜用杏苏散加味。若咽痛加射干、橄榄；头痛甚加僵蚕、蔓荆子；口干加花粉、麦冬；烦热加知母、生石膏；气促痰黏加苏子、桑皮；有食滞加山楂炭、麦芽；胸胁满加炒枳壳、竹茹；呕加半夏、枇杷叶。

4. 冬季时病

（1）伤寒

小雪、大雪、冬至、小寒，为六之气，主太阳寒水，这时伤寒病多。

冬季感风寒轻者，头痛身痛不甚，微恶寒发热，咳嗽鼻塞声重，胸膈满闷。蒲辅周多用华盖散、九宝汤。华盖散：麻黄、炒苏子、杏仁、桑皮、茯苓、橘红、甘草各五分，生姜三片，大枣一枚，水煎服。九宝汤：薄荷、炒苏子、麻黄、杏仁、桂枝、陈皮、大腹皮、桑皮各一钱，甘草五分，生姜三片，大枣一枚，水煎服。

暴寒伤肺，喘嗽鼻塞痰壅，宜三拗汤。

外寒内火，肺气郁闭，而喘甚者，越婢加半夏汤（麻黄、石膏、法半夏、生姜、大枣、甘草）。

外感风寒，咳而喘甚者，用麻杏石甘汤。

外感风火，内有寒饮，见胸满咳嗽，宜小青龙汤；兼烦热者，加生石膏。

若水饮上逆，见喘咳，面目浮肿，宜葶苈大枣泻肺汤。

冬季感受风寒又有伤食，见肠胃失和，胸腹满闷或呕吐或下利，宜藿香正气散。痛甚加吴茱萸；呕吐甚加白豆蔻、生姜引，水煎服。

若冬感风寒，内夹湿痰，见恶寒发热，头痛身痛，腹胀满，不思食或呕，恶水不欲咽，大便不利，或关节痛或重，乃表里同病，宜用五积散，每服五钱，生姜三片，水煎服。

（2）冬温

若冬阳偏胜，气候应寒反暖，这时的外感病叫冬温。

冬温治法可与风温治法互参。其症状类似伤寒，但脉不紧，头痛发热，不恶寒或微恶寒，心烦，小便赤，口渴，有汗或无汗，脉浮数，舌红苔白燥或黄。此为外寒内火，宜凉解法，可用麻杏石甘汤。咽痛加僵蚕、射干、桔梗；咳甚加前胡、贝母、枇杷叶；痰多气促加瓜蒌、莱菔子、苏子；头痛加薄荷、荆芥穗、菊花。蒲辅周认为，冬温外感病，若四五日不解，邪入气分，大热、大汗、但热不解、大烦、大渴，同样可用白虎汤。若表热不解，里热又结，腹满便秘，心烦无汗，舌红苔黄，可用凉膈散。

对于冬温出现脉浮紧，无汗而烦躁，头痛身痛者，可与大青龙汤，桂枝量只需数分，切勿过重致衄。蒲辅周的儿子蒲志孝在回忆关于外感病中用桂枝时谈过一件事：1963年2月，蒲辅周的二弟患感冒，见头痛、周身骨节疼痛、脉紧苔白，蒲志孝用麻黄汤一剂而愈，事后颇为自得，写信告知在北京的父亲，以为必得褒奖。谁知蒲辅周速来回信说："你二叔平常嗜酒，湿热素重，桂枝汤有'若病酒客不可予之'的告诫，你只注意了桂枝汤的'汤'字而忽略了'桂枝'。此物用于内热之人当先考虑动血之弊；寒热外束，有身疼痛时，可去桂枝，加羌活一钱，效果同样会很好。你这是只读死书，缺乏思考之过。"从这件事中我们可以看到蒲辅周读书之细，辨证之精，用药之活。

（三）治疗外感时病，表证重视透表，里证强调疏通

蒲辅周指出，温病来路有二，即呼吸与皮毛；病之去路有三，为汗、吐、利（水）。他说对温病的治疗有"三怕"：最怕表气郁闭，热不得越；更怕里气郁结，秽浊阻塞；尤怕热闭小肠，水道不通，热郁胸中，大气不行，以致升降不灵，诸窍闭滞。治法总以透表宣膈，疏通里气而清小肠，不使热邪内陷或郁闭为要点。这既是他丰富的临床经验的结晶，亦是高度概括的理论升华。基于此，他推荐灵活运用杨栗山《伤寒温疫条辨》中以升降散为主的十五个方剂，来治疗杂气为病的温疫及四时温病中兼秽浊杂感者。

升降散组成：僵蚕、蝉蜕、片姜黄、大黄。注意片姜黄与姜黄的区别，两药均有活血行气止痛的作用，均可治肩臂疼痛。片姜黄性寒，能清心凉血利胆；姜黄性温，能治寒痹臂痛。本方不可误以为片姜黄即是姜黄。

（四）治疗外感时病，要辨清伤寒与温病的异同

蒲辅周认为，伤寒与温病"始异中同终仍异"，相对于前人有"始异终同"之说，该观点更符合临床实际。

伤寒初起，寒邪侵犯太阳，其病在表，治法以辛温解表为主；温病初起，温邪首先犯卫，其病亦在表，但治法以辛凉透邪为主。可见二者之始，病因异，病症异，治则亦异，绝对不可混同。

若伤寒入里，证属阳明，寒邪化热，治宜白虎汤与承气汤；温病顺传，证属气分热邪益炽，治法自然一致。故二者之中，证治均相同，无须寻求其异。

至于伤寒传入三阴，虚寒已见，则宜温宜补，用理中汤（丸）、四逆汤、乌梅丸等。温病热入营血，阴伤津灼，则宜清宜润，用清营汤、犀角地黄汤或三甲复脉汤、大定风珠。故二者之终，又见证治迥异，理应细加区别。

三、内科杂病的治疗经验

蒲辅周治内科杂病，首崇仲景学说，常谓《金匮要略》《伤寒论》二书理详法备，为方书之祖、临床医疗的准绳；下遵历代各家流派，博采刘河间之寒凉、张子和之攻下、李东垣之温阳、朱丹溪之滋阴，冶众长于一炉，以补仲景所未备，开后学之法门。他毫无偏见，集思广益，撷取精华，扬弃糟粕，大力倡导治疗以辨证论治为主，不必计较于经方派、时方派之争。

他说内科是临床医学的基础。古时中医有十三科之分，内科称为大方脉，包括的范围很广，加之他所治的内科病例多为疑难杂症，欲获高效不易，但由于他理论精通，学识雄厚，经验丰富，故都能把握病机，得心应手。举例如下：

1. 治疗冠状动脉粥样硬化性心脏病（简称"冠心病"）

冠心病，其证以心脏功能不足为虚，营卫阻滞作疼为实，但毕竟虚多实少，故治法当以补为主，通为用。自制益气和血之双和散：人参三两，茯神一两，远志肉五钱，九节菖蒲二两，丹参一两，香附二两，没药五钱，琥珀五钱（另研），血竭五钱（另研），鸡血藤五钱，共为细末，每次服五分至一钱，空腹温汤下，日三次。如无血竭，改用藏红花或红花；没药气臭味苦，可改川郁金一两。该方临床证实安全有效，是通补兼施的良方。蒲辅周指出，不宜胶执活血化瘀一法，以免蹈虚虚之戒。此种创见，如同犀烛。

例一：张某，男，年逾60岁，体质素弱，头晕健忘，神怠思睡，胸膺闷胀，心区隐痛，气短懒言，自汗畏风，腿软且痛，不耐坐立，胃纳欠佳，口干欲饮，小便偏少，脉象两寸沉细，两关弦急左甚，两尺沉弱，舌质淡无苔。某医院确诊为冠心病。蒲辅周根据脉证，分析属心气不足，肾气亦衰，髓海渐虚，虚阳欲越，急用附子汤加减以强心益气、滋肾潜阳。方用：西洋参、制川附子、云茯神、白芍药、制龟甲、山萸肉、枸杞子、炒杜仲、怀牛膝。三诊后，头晕、胸闷、心区隐痛、思睡、自汗等症皆明显减轻或消失，食欲略增，二便正常，脉转弦缓，左关亦不急，舌质正常，苔白。原方加女贞子、五味子继续调理，日见功效。

例二：刘某，男，62岁。因心肌梗死合并心力衰竭住某医院，经抢救逐渐平稳。出院后一年中，三次发作心绞痛，常觉疲倦无力，四肢关节酸痛，心悸隐痛，足浮肿，脉象左沉细，右弦缓，舌质正常，苔薄白。蒲辅周辨证为心气不足，兼见风湿。方用生脉散加远志、枣仁以益气养心，佐以天麻、桑枝、松节以祛风胜湿。即北沙参、麦门冬、五味子、炙远志、炒枣仁、生龙骨、明天麻、嫩桑枝、干松节、化橘红、大红枣。上方服后，患者云疗效很好，遂按此法出入，坚持服用较长时间，病情日趋进步。

2. 治疗心律失常、心律不齐、高血压病

心动过速或心律不齐类似中医学的心悸、怔忡，临床辨证须分虚、实、痰、火四型。虚者：面白少神无光泽，气短声低，呼吸无力，汗出，舌淡苔白，脉细无力，治宜独参汤或用人参养荣汤。实者：面赤心烦，声音急促，或汗出饮凉，舌红苔黄，脉细数有力，选小陷胸汤、竹叶石膏汤。痰者：面微发黄，目下色暗，呼吸不和，胸闷，憋气，舌苔白滑，脉沉滑，治宜六君子汤加干姜、细辛、五味子或用苏子降气汤。火者：面赤，心烦，憋气，小便黄，舌红苔黄，脉滑数，治宜朱砂安神丸、黄连温胆汤等。

对于高血压病的治疗，蒲辅周认为，必须分虚实。阴虚者，脉细无力，治宜六味地黄丸加龟甲、磁石、牛膝；阳虚者，可用附子汤加龟甲、龙骨、牛膝；肝郁者，可用丹栀逍遥散加香附、决明子、夏枯草、荷叶、珍珠母；实者，用龙胆泻肝汤。便秘者加生大黄，虚烦不寐者可用酸枣仁汤加味。

3. 治疗胃、十二指肠溃疡病（简称"溃疡病"）

蒲辅周对消化性溃疡的治疗，不单纯侧重在局部病变，而特别着眼于整体病情，往往按仲景"随证治之"的原则，屡获奇效。

例一：段某，男，38岁。素有胃溃疡和胃出血史，大便检验潜血阳性。近因过度劳累，遇大雨受凉，饮冷葡萄酒一杯后，突然吐血不止，精神萎靡，急送某医院救治。诊断为胃溃疡大出血，经对症处理两日，大吐血仍不止，恐导致胃穿孔，决定立即施行手术，迟则将失去手术机会。患者家属有顾虑，夜半要求处方止血。蒲辅周认为，吐血虽已两昼夜，若未穿孔，尚可以服中药止之。询其原因，由劳累、受寒、饮冷致血上溢，未可以凉药止之，宜用《金匮要略》侧柏叶

汤温通胃阳、消瘀止血。侧柏叶、炮干姜、艾叶浓煎汁，兑童便频频服之。次晨吐血渐止，脉象沉细涩，舌质淡，无苔。再以原方加西洋参、三七益气止血、和血消瘀，童便兑服。三诊时止血奏效，患者神安欲寐，知饥思食，并转矢气，脉两寸微，关尺沉弱，舌质淡无苔。此乃气弱血虚之象，但在大失血之后，脉证相符为吉。治宜温运脾阳，并养荣血，佐以消瘀，改用理中汤，加当归、芍药补血，佐三七消瘀。服后微觉头晕耳鸣，脉细数，为虚热上冲所致，于前方加地骨皮、生藕节，浓煎取汁，兑童便继服。五诊时诸症悉平，脉亦和缓，渐能纳谷，但转矢气而大便不下，继宜益气补血，兼养阴润燥消瘀之品。白人参、柏子仁、肉苁蓉、火麻仁、全当归、生藕节、清阿胶（烊化）、新会皮、山楂肉，兑童便温服，服后宿粪下。化验潜血阴性。嘱停药，以饮食调摄，逐渐恢复健康，溃疡亦愈合，二十余年未再发。

例二：吴某，男，42 岁。患十二指肠溃疡已十三年，秋、冬、春季节之交易发胃脘疼痛，钡餐照片示十二指肠球部有龛影，大便潜血阳性。近来脘腹疼痛，尤以空腹时加重，精神较差，小便黄，脉弦急，舌质红，苔亦黄。此属肝失疏泄，横逆犯胃，用四逆散合左金丸加味以疏肝和胃治之。北柴胡、白芍药、炒枳实、炙甘草、川黄连、吴茱萸、青皮、广木香、高良姜、大红枣。二诊时脘痛减轻，睡眠仍差，大便不爽，小便稍黄，舌质红，苔转黄腻，脉仍弦数。此乃肝胃未和，湿热渐露，改用越鞠丸加味以调肝胃、利湿热。炒苍术、制香附、焦栀子、川芎、建神曲、川厚朴、炒枳壳、绵茵陈、广郁金、干石斛、白通草、广木香、鸡内金。三诊时脘腹痛消失，大便潜血阴性，食纳增加，脉缓不弦，舌质不红，苔薄黄微腻。议用散剂缓调以资巩固：赤石脂、乌贼骨、陈香橼、炙甘草、鸡内金，共为细末，每服 1.5 克，日两次，白开水送下。

两例溃疡病的治则皆是根据病情需要决定的。第一例当胃溃疡大出血时，急应止血，但考虑因为过劳、受寒、饮冷引起，不同于一般的血热妄行，故不采用凉血止血的方法，而用温通胃阳，佐以消瘀，继之以理中温养脾阳法以统其血。盖脾胃为中州之司，而甘温具固血之用。最终为患者避免了一次手术，这种无创伤性医疗给临床有所启示，无怪乎许多急腹症用中医疗法也能取得成功。第二例的十二指肠溃疡由于肝胃不调，兼有湿热，故又直接以调肝胃、利湿热之法为治，与前例一温一清，形成对照，各有妙用。尤其值得探索的是，蒲辅周在侧柏叶汤中以童便代马通，童便咸寒之性，不仅能制干姜、艾叶之温燥，而且能止血以化瘀。在例二吴某调理善后时，用赤石脂、乌贼骨于养胃中巩固收涩止血之功，并促进局部溃疡之修复，做到温而不燥、止而不瘀，既重视整体，又注意局部。

4. 治疗低热

蒲辅周认为，治疗低热首先要认清低热属于外感还是内伤。

（1）外感低热

外感低热必须分清是风、火、暑、湿、燥、寒，以及瘟疫之杂气或戾气为病。外感病治疗失当、调护失宜、体质素虚往往导致低热，治疗可参考外感热病方面的治疗经验。

（2）内伤低热

内伤低热主要本着"肝为罢极之本"和"阳气者烦劳则张"这两个理论观点来指导临床，从肝、脾论治低热。蒲辅周的体会是：很多患者不善于掌握劳逸结合，经常过度疲劳，使中气损伤，脾阳下陷，以致消化不好，营养不足，中气不固，脾失健运，脾气不敛，虚热内生。他还认为，肝喜条达，易寒易热，精神过度紧张而致肝脾不和，同样会引起低热。治疗上主要是调理肝脾二脏。

"烦劳则张"实为阳虚。这个阳主要指脾胃之阳，亦称中气、中阳。阳虚则不能内敛而外越，以致低热。这种低热患者一般下午体温偏高，劳累之后高得更明显，患者不觉得发热发冷，只觉得疲乏无力、自汗、头晕、脉无力。治疗用甘温除热法，用药轻者以补中益气汤，重则用当归补血汤合甘麦大枣汤加党参，即当归、黄芪、党参、甘草、小麦、大枣。若汗多用浮小麦。若脉弦细数，脾胃虚弱，疲乏嗜睡，体重，关节疼痛，口苦，食不知味，大便不调，宜升阳益胃汤。这是夹湿热而补中益气之变局。蒲辅周曾治一女性，低热两年，伴有消化不好，不欲饮食，疲乏无力，身痛关节痛，月经不正常或前或后，多方调治无效。蒲辅周用升阳益胃汤，总共剂量十五两，研粗末，分为三十包，每日煎服一包。患者服一个月后食欲渐好转，低热也渐降低，共进三料，连服三个月而恢复健康。

若脾胃虚，过食生冷，损伤脾阳，阳气抑郁，或先有外感治疗不当，多犯凉遏、误补，热郁于内，以致长期低热不退，头晕，口苦，或见触摸肌肤热如火燎，扪之灼手，宜升阳散火汤（柴胡八钱，防风二钱半，葛根、升麻、羌活、独活、人参、白芍各五钱，生甘草二钱，炙甘草三钱）或火郁汤（上方去人参、独活，加葱白）。此二方都是从升麻葛根汤中套出来的，有升有散，升的是脾阳，散的是郁热（火郁发之）。升阳散火汤中有人参、甘草、大枣，脾弱气虚、疲乏者用之。火郁汤，外感郁闭者用之，有调和肝胆脾胃、升散郁结之热的功能；胸胁满可合用越鞠丸（醋炒香附、苍术、川芎、神曲、炒栀子各等分，治气、血、痰、火、湿、食六郁）。

低热偏于血分者较少，若体虚，脉细无力，月经量少色淡，可用圣愈汤加地骨皮；消化不好，加神曲、荷叶（平肝胆之热，升脾胃之气）。

脉弦细数，胁下痞，烦热甚，口苦，用丹栀逍遥散加香附、神曲、荷叶；胁痛，加川芎，香附、川芎同用，肝胆郁气才能推得动；胁痛甚者，可再加郁金；胁下有块而痛，可用姜黄。

蒲辅周说，低热见于阴虚者，多表现为夜晚烦热，盗汗，热退无汗，有时还微恶寒。阴虚发热者用青蒿鳖甲汤。他认为，低热患者苦寒药不宜多用，不仅伤败脾胃，还可化燥伤阴。同时慢性病尤其要重视以胃气为本，内伤低热，脾胃已弱，药量宜轻，宁可再剂，不可过剂，欲速则不达，反伤中气。

5. 治疗肝病

蒲辅周认为，对肝病的治疗不能用过寒或过热的药。见肝之病，知肝传脾，当先实脾，苦寒太过，则伤中阳，克伐生发之气，容易导致肝病加重，如肝硬化等的形成。从以下经验中，我们可以看出，蒲辅周认为慢性肝炎以肝郁脾虚为多，尤其是以脾阳虚为主。辨证选方的医疗经验如下。

（1）肝郁湿热，脾胃失调

中气实者，多热重于湿，主要见症偏于阳明胃经，如发热而黄疸明显、胁痛口苦、腹胀满、大便燥结、小便短黄，可选用茵陈蒿汤、甘露消毒丹加减。中气虚者，多湿重于热，证候偏于太阴脾经。可用茵陈合越鞠丸，重用茵陈，通治湿热发黄，其效满意。若恶心，腹胀满，消化不好，不想吃东西，可选用加减正气散、四逆散合左金丸，或香砂保和丸。

（2）肝病及脾，脾胃虚寒

胁下胀满，面白唇淡，大便溏，小便清，舌淡苔白，脉沉濡，可选用柴胡桂姜汤或理中汤加吴茱萸、草果。肝炎后肝脾失调，要调和肝脾可用逍遥散、柴芍异功散加减。蒲辅周曾经治一肝病患者，服苦寒重剂后，不思饮食，身疲肢倦，便溏，谷丙转氨酶300～400单位，麝絮试验（＋＋），用香砂理中汤加吴茱萸、草果，治疗一月余，肝功恢复，体质明显增强。

（3）肝郁血瘀

蒲辅周认为，该证型病程较长，久病多虚多瘀。症见肝脾大，质较硬，胁痛固定，面色黑暗，舌紫暗或有紫斑，脉涩，消化功能弱，大便溏。病机包括肝郁、中阳虚及血瘀。治宜温脾疏肝、活血化瘀，用理中汤加鸡内金、桂枝、鳖甲、桃仁、红花，亦可对症选用膈下逐瘀汤。

（4）肝脾两虚，中阳失运

面色无华色暗，神疲气短，消化不好，舌淡无苔，脉弦细无力，宜选用归芍理中汤或归芍六君子汤。若伴有全身阳虚者，可选用附子汤、肾气丸；阴虚者，可选用加减复脉汤之类。

四、妇科病的治疗经验

据成都中医学院（现为成都中医药大学）第一任院长李斯炽回忆，蒲辅周以四川省妇科专家的身份被抽调到中国中医研究院，在《近现代25位中医名家妇科经验》中排名第一，最先出版小册子《中医对几种妇女病的治疗法》。其辨证论治经验如下。

1. 经行乳房胀痛

蒲辅周认为，经行乳房胀痛主要在于治肝与治胃。如月经欲来，乳房胀痛多属于足厥阴肝经气滞；若月经已来，乳房胀痛多属足阳明胃经气郁。

2. 月经不调

若经行小腹痛，拒按有大血块者，可选用化癥回生丹治之。若经行小腹胀而不痛，血块较小者，可用琥珀散。若胀与痛都不明显者，可选用八珍汤加制香附、益母草、鸡血藤等。若仅是月经周期异常，可选用独圣丸，即四制香附丸（分别经酒、童便、盐水、醋制）调治。若属于中气虚兼有少量血块和小腹微痛者，可选用补中益气汤加红花、桃仁、少量川芎和神曲以益气和血消瘀。若属于肝脾失调而心悸失眠，体倦食少，并有少许血块，兼有小腹微痛者，可选用归脾汤加桃仁、少量川芎和神曲以调和肝脾、活血消瘀。若合并有心气不足，营血亏虚而纳差，惊悸健忘，烦热自汗，体倦肌瘦，兼有小腹微痛并有少量血块等，可选用人参养荣汤加丹参、桃仁、制香附、神曲等以调和心肝兼理脾胃、和血消瘀，但桃仁量不宜太大。若属于肝胆火盛，导致经血紊乱，头晕心烦，口苦耳鸣，喜食凉饮，便干溺黄，兼有两胁及小腹掣痛，并有小血块，五心烦热，口苦胁满，食纳不佳者，可选用丹栀逍遥散加桃仁、制香附、神曲等疏肝解郁活血。

3. 痛经

痛经多发生于青年女性，主要表现为月经期或行经前后小腹疼痛，腰腿酸痛，甚至剧痛难忍。诱发此病的因素很多，如先天气血不足，胞宫发育不良，或因情志不舒，肝气郁结，气滞血瘀等导致经水运行不畅而发生本病；或因经期、产后过用冷水洗涤而感受寒湿，以及饮食不节，过食生冷，使脾胃受伤而致痛经；也有因经期不注意卫生而同房导致气血失调乃成痛经。蒲辅周认为，对于痛经须审证求因，辨证施治。若属于脾胃不调，身体消瘦，经前或经后腰痛肢倦，小腹胀痛，宜调和脾胃为主，兼理气血。若见形瘦，痛连及胁，腰酸腿痛，多属肝气郁结，宜疏肝解郁、调和气血、化结消瘀。若患者小腹发凉，喜热畏寒，经行小腹胀痛，血色发黑，甚者有血块，此多属寒，宜温经汤加减。若兼见身痛，宜用五积散，每用五钱，水煎，食前温服，并嘱不食生冷，不坐湿地，不用凉水洗脚，少动肝气，以免再次发生痛经。若是肝郁痛经，则见口苦、胁痛、胸腹胀满，可用丹栀逍遥散加香附、郁金、五灵脂、元胡、乌药等。若有黑血块者，可选用少腹逐瘀汤。若痛甚，血块多，可选用化癥回生丹。若经后腰酸，小腹胀痛者，属气血两虚，宜圣愈汤加减。若经后带下多，腰酸，腿软无力，此属中虚脾弱，宜用补中益气汤或五味异功散加山药、乌贼骨、杜仲、补骨脂等，或归脾汤、十全大补汤酌情使用。

4. 崩漏

月经期大出血称经崩，出血淋沥不断称漏，两者在发病上有明显差异，但也有密切关系。崩可转至漏，漏久往往引起崩，因此治疗上多相同。崩证大出血可用独参汤，益气固脱，又能生血，亦能统血，正所谓"有形之血不能速生，无形之气所当急固"。但在补血止血之时，注意化瘀，蒲辅周比喻说，洪水成灾多为河床阻塞不利且不能及时疏通所致。因此，中医认为止血尚易，而消瘀难。治病求本，必须抓住出血的主要原因，不能单纯止血。崩血、漏血过多，无热者，宜用胶艾四物汤补之；若热重者，用知柏四物汤清之；热轻或少者，用四物汤加炒黄芩、黑荆芥和之；漏血涩少，有瘀滞者，宜四物汤加香附、桃仁、红花行之；兼气虚者，用八珍汤加红花、炮姜、艾叶炭、侧柏炭、荆芥炭、莲房炭、黄酒、童便加水同煎。崩血时伴有心腹痛甚者，为血滞不散，宜失笑散；若崩血因思虑伤脾引起，多为心脾失调，宜归脾汤；若崩血因恚怒伤肝引起，宜逍遥散加香附、青皮。崩漏日久，脾伤食少，中气下陷不能统血者，宜补中益气汤、升阳益胃汤、升阳举陷汤加减择用之。若崩漏日久，气血已亏，冲任损伤者，宜十全大补汤、人参养荣汤加杜仲之类。崩血补、止后仍不止者，当防其滑脱，宜用地榆一两，水醋各半煎，凉一宿，次早服用，止血效果好，血止后再随证选方。对于形体瘦而又有血热致崩者，嘱用新鲜地骨皮二至四两，用纱布包之，瘦猪肉四两或排骨半斤，文火炖两三小时，去地骨皮，喝汤吃肉，一月之中可炖三四次，用之多见效；气虚者加黄芪。肝肾亏损者，宜二至丸加稆豆各五钱煎服，也多有效验。老年血崩之验方：当归、熟地、阿胶、红花、冬瓜子。妇人胞宫内有癥块可用桂枝茯苓丸。

5. 带下病

带下病有虚有实，不能都当作虚来治。白带，为带脉虚，脾虚湿盛，方用完带汤。青带，如绿豆汁，稠黏不断，其气腥臭，为肝经湿热，方用逍遥散加减：茯苓五钱，酒炒白芍五钱，生甘草五钱，茵陈三钱，陈皮一钱，炒栀子三钱。黄带，色黄，有腥秽味，为脾经湿热，用易黄汤。黑带，色如黑豆汁，气腥为火热之化，必小便时刺痛，泻火为治，宜利火汤：大黄二钱，土炒白术三钱，茯苓三钱，酒炒车前子三钱，王不留行二钱，黄连一钱半，炒栀子一钱半，知母二钱，煅石膏三钱，刘寄奴二钱。赤带，似血非血，淋沥不断，为湿热兼有肝火，宜用清肝止淋汤：醋炒白芍五钱，酒当归五钱，酒生地五钱，白面炒阿胶三钱，丹皮三钱，黄柏一钱半，牛膝二钱，酒炒香附二钱，红枣十个，黑豆五钱。

6. 滑胎

滑胎包括西医的先兆流产和习惯性流产，中医称之为胎动不安、胎漏等。妊娠期同房或房欲过度，损伤肾气，最易造成此疾。蒲辅周有一经验方——保产无忧散，即当归、川芎、白芍（和血，血以和为补），厚朴、枳壳（理气，气以通为补），黄芪、甘草（补气），菟丝子（补肾固胎），荆芥、羌活（疏肝祛风），贝母（平肝清肺火），艾叶、生姜（暖宫祛寒，温中顺气）。全方益气补血，补肾固胎，理气温中，祛风活血，具有补而不滞、温而不燥的特点。若患者气虚明显，症见自觉胎动下坠，腰酸，身倦乏力，精神不佳，语言无力，不思食，脉虚无力，治宜补气养血安胎，可用泰山磐石散加减。气血两虚之体，最易造成胎伤下血，腰酸，下腹坠胀，头晕汗出，心悸，脉细无力，可用芎归胶艾汤加减（当归、阿胶、艾叶、白芍、熟地、人参、炙甘草），或用胶艾四物汤治之。若妊娠胎动异常，阴道时下血，腰酸，小腹重坠，头昏，心悸，气短懒言，消化力弱，食纳不香，面萎黄或白，可选用人参归脾汤、当归散或当归芍药散。若见肾虚之体，胎元不固，可选用千金保孕丸和寿胎丸加减治疗，常用菟丝子、桑寄生、川续断、真阿胶、杜仲、白术、山药、狗脊、黄芩等药。

7. 闭经

血寒经闭者，小腹冷痛，舌质紫暗或有瘀斑，宜温经汤、当归四逆汤加减以温经活血。寒气客于胞中，血流壅滞，而成石瘕，若兼表证者，宜吴茱萸汤温散之。血气凝结经闭者，宜大黄䗪虫丸破之。若虚不任攻者，用泽兰叶汤。气郁经闭者，宜逍遥散加香附、泽兰叶和之，兼服柏子丸。若属于血虚经停者，治宜益气养血，可选用十全大补汤、归芪建中汤等。若中气虚消化力差而经闭者，可用补中益气汤合五味异功散，由于红糖能温胃活血，故多以红糖为引。

8. 妊娠恶阻

蒲辅周认为恶阻的原因有二，一是情志不遂，肝气郁结，引胎气上逆；另一个是胃气虚弱，中脘停痰，胎气犯胃。气郁者，精神抑郁，宜左金丸加紫苏、陈皮、香附。脾胃虚弱者，体倦无力，多卧少起，恶食呕吐，治宜健脾和胃，用六君子汤。

9. 产后恶露不止

产后恶露一般半月净，如半月后仍恶露较多，属病态。由血瘀引起者，宜活血去瘀，用通因通用之法，桃红四物汤加益母草、鸡血藤、海螵蛸等。由血热引起者，用保阴煎加减（黄芩、黄柏、生地、熟地、白芍、川续断、山药、甘草、益母草）。气血虚而恶露血色淡者，用十全大补汤或人参养荣汤主之。

10. 产后恶露不下

由血瘀而致者，先用桃核承气汤，继用四君子汤。由血虚而致者，用十全大补汤或人参养荣汤治之。

11. 产后发热

产后外感发热，可选用熟料五积散。若因恶露不尽，瘀血阻滞发热，小腹胀痛拒按者，可用桃红四物汤加桂枝、乳香、没药、鸡血藤、益母草活血消瘀。若产后食积发热，症见胸满、不思食、大便酸臭、舌中心苔黄腻，可选用平胃散、保和丸加减。若因气血俱虚而脉虚无表证发热者，则选用十全大补汤或黄芪建中汤调和营卫，并补气血。

12. 产后关节痛

产后受风、受寒、操劳过早，都能引起关节痛。风寒引起者，可选用五积散加羌活、独活、威灵仙等；因操劳过早引起者，可加黄芪、川续断、补骨脂、松节、少量乳香、没药；气滞引起者，可加香附、乳香、没药。若已成慢性者，可选用天麻丸或大活络丸，或以虎骨木瓜丸治之。

13. 产后乳少

蒲辅周认为，产后乳少的常见病因为气血不足、脾胃虚弱和肝郁气滞。气血不足者治宜当归补血汤加白芷、穿山甲、通草。脾胃虚弱者，用异功散加砂仁、木香。肝郁气滞者宜疏肝解郁，用逍遥散加香附、山甲珠、通草。

蒲辅周对妇科疾病的诊治，颇多独到之处，积累的心得体会主要有三点：①妇科以调理气血为主。女子二七天癸至，七七天癸绝，乃生理之常。生理失常则月事不以时下。故医家论妇人疾病之治，首重血分，采用寒则温之、热则清之、虚则补之、实则泻之（瘀者行之、滞者通之）等原则，亦为治疗的常法。但是，血为气之母，气为血之帅，气行则血行，气滞则血瘀，气通血和则诸病不起，故治血必须理气。所以，妇科以调理气血为主。②妇女病以疏肝和脾为重要的环节。《内经》指出，百病皆生于气。尤其妇女在中年时期，由于各种因素，情志怫郁为多，往往肝气郁结，气郁则血滞，而致月经不调、痛经和经闭等症。《内经》又指出，二阳之病发心脾，有不得隐曲，女子不月。这又说明了月经病与脾的关系密切。脾不统血则可引起崩漏，脾湿下困则可导致带下，妊娠脾气不足而食减则胎失所养，产后脾阳不振则影响乳汁分泌等，莫不与脾有关。故疏肝和脾是治疗妇人病的重要环节。③妇人杂病仍以辨证论治为根本原则。《金匮要略》论妇人病凡三篇，除妊娠、产后外，则以杂病目之。所谓杂病，即其症情比较错综复杂，又与妇科有联系，如中风、伤寒而月经适来，热入血室者，可与小柴胡汤和之，亦可以刺期门，随其实而取之；也有与妇科无联系而属内科的，如喉间炙脔之梅核气者，可用半夏厚朴汤调之，证夹虚寒而腹中痛者，可用小建中汤温之；亦有与外科相似的，如阴中蚀疮烂者，则以狼牙汤外洗之等。诸凡妇人杂病，总离不开辨证论治这一根本原则。

五、儿科病的治疗经验

儿科疾病以外感六淫为多，其次是内伤饮食，很少七情为病。中医内科为大方脉，儿科为小方脉，虽有大小之分，然其治疗原则基本相同。蒲辅周对儿科的治疗也有独到之处，多年来与有关单位合作治疗儿科的急性病，收到很好的效果。蒲辅周对儿科疾病的治疗有如下四个特点：

1. 儿童脾胃弱，多吃零食损伤脾胃者多见，多见伤食发热、面色萎黄、清瘦、伤食成积等，需健脾调胃以治之。

2. 多外感六淫或疫病引起发热，应辨伤寒或温病，治以解表透邪。如温病热入心包而谵语，也宜用透营转气、清热开窍等法。

3. 儿童体质属稚阴稚阳，易虚或实，易寒或热，辨证施治，莫使苦寒伤阳，慎用温燥灼阴，此乃稚阴稚阳之体不任攻伐之理。蒲辅周特别强调小儿机体的特点，充分运用四诊、八纲的辨证法则，凭脉息、察指纹、望面色、审苗窍、听声音、观动作，凡观乎外，可知其内。例如，眉颦多啼者为腹痛，睡卧不安者为胃不和，大便酸臭者多食伤，爱吃泥土者有虫积，坐卧爱冷定生烦热，伸缩就暖知畏风寒。借先贤识病之法，作为自己辨证之据，判断宜准，治疗须慎，不可苦寒以伤阳，亦勿温燥以灼阴。

4. 精研急症，出险救厄。蒲辅周通过对大量小儿肺炎病例的观察，总结出宣透表里、双解清热养阴、生津固脱等治法，继承和发扬了前人的宝贵经验。

六、用药特点

清代温病学派代表之一叶天士，处方用药以轻灵擅长，为医林所称颂。蒲辅周效法叶氏，不但擅长轻灵，而且力求纯正。他说："轻灵是圆机活法、精简扼要、看似平常、恰到好处之意，纯正是冲和切当、剔除芜杂、配伍严密、不落肤浅之谓。"当然，这个轻，不是十剂中"轻可去实"和用药剂量轻重的轻；这个纯，也不是一意求稳，只用平安药品的纯；而是在处方时于清淡处见神奇，用药上从简练里收效果，是通过他数十年的实践，几经千锤百炼而得来的举重若轻，深思熟虑而达到的炉火纯青。

蒲辅周每处一方，既不是拿古人成方原封不动去治病，也不是弃古法立奇炫以制方。他在四十余岁时自制二鲜饮（即鲜芦根、鲜竹叶），凡外感热病，肺胃津伤，不能达热外出，烧热不退，烦渴，不能再用表剂，亦不可用下法时，唯此方生津退热、轻宣透达引邪出表，若久旱得甘雨，烦热顿消。如热及血分见鼻衄者，加鲜茅根，酌用童便为引亦佳。此方意仿白虎法，但清凉甘润，凉而不凝，清而能达，作用虽宏，仍不失轻清举气分热邪而出于外。他临重症恒以轻灵取胜，1956 年会诊一个危重乙型脑炎患者，因呼吸障碍而气管插管，当时凡用此类人工呼吸器者多难得救。蒲辅周细察病情，认为尚在卫气之间，急用辛凉轻剂之桑菊饮，终于挽回危局。一老前辈见之，心服蒲辅周之善用轻灵，屡兴望尘莫及之叹。他尝论白虎汤方义，谓此方虽是辛凉重剂，但清凉甘润，凉而不凝，清而能达，作用虽宏，仍不失轻清举气分热邪而出于外，若妄加苦寒，则成为毫无生机之死虎，安望有清气透邪之功，此乃广轻灵之义而大之。所以他教人不要妄加苦寒，亦于轻灵中求纯正，即便加味，也要避免庞杂。如他于辛凉平剂银翘散中加葱白一味，即复一葱豉汤，透发之力倍加而纯正之义无损。

他在用药方面，注意分寸，灵活之中有法度，讲求配伍，稳妥之下寓变化。他说："一病有一病之特征，尤要辨药，才能药与证合，丝丝入扣。"大凡用药如用兵，贵精不贵多，他用药很简练，通常六七味，少则二三味，至多不越十一二味，反对杂乱无章，甚则相互抵消。一次，其学生治一流感，辛凉辛温并投，他批评说："寒邪宜辛温，温邪宜辛凉，今不分寒温，二者同用，则寒者自寒，温者犹温，病焉能解。"他处方用量极轻，常谓治病犹轻舟荡桨，着力不多，航运自速，称赞李东垣补中益气汤每味药量不过几分，而转运中焦气机功效极大；相反，如果用量太大，药过病所，不唯无益，反而有害。张仲景的五苓散，亦只以钱匕计。某些药物，如砂仁、豆蔻、丁香之类，小量则悦脾化湿、醒胃理气，大量则燥胃伤津而耗气。目前存在一种倾向，一些医生用药量以大为快，无效则再倍之，而不考虑究竟是用药不当还是用量不足，倍之仍无效，则归咎病重，而不悟是用药失误。他选药极慎，无太过不及，宗《内经》"有毒无毒，固宜常制。大毒治病，十去其六；常毒治病，十去其七；小毒治病，十去其八；无毒治病，十去其九。无使过之，伤其正也"。

蒲辅周认为，不仅毒大毒小不可滥用，苦寒温燥之品亦有节制。当然，有故无殒，亦无殒也。有病则病受之，需用有毒之品时亦不宜一味谨慎，畏惧不用，贻误病机，但一般情况下，中药品种丰富，何患不能选择安全有效者而用之。他强调病愈杂，药愈精，重要的是抓住重点，击中要害。诸如脱证，阳脱者参附汤，阴脱者参麦散，气脱者独参汤，血脱者当归补血汤，少仅一味，多不过三味，药不在贵在中病，药之贵贱不能决定疗效之高低，即使需用贵重药物，亦可找代替之品。《本经逢原》载：羖羊角与羚羊角性味稍殊，但与羚羊角功效大致相似。他在农村也曾用水牛角代犀牛角，其效亦不低。另外，他处方书写时字迹清晰工整，生熟炮制不令遗漏，先煎后下一一注明，便于药房辨认、病家注意，不出差错，其纯正之风，处处可见。

总之，蒲辅周处方用药的特点为轻灵有法而不失之轻泛，纯正无瑕而不流于呆板，智圆行方，灵活简便。他待患者胜亲人，体贴入微，先议病，后议药，一丝不苟，做到轻剂能医重症，小方可治大病，逐步形成药味少、用量小、价格廉、疗效好、讲求实际的医疗风格。

七、食疗经验

蒲辅周以擅治温病及中医内、妇、儿科诸病闻名，少时秉承家学，又勤求博采，故辨证确而立方谨，足为后学楷模。蒲辅周不仅治疗温病已至炉火纯青之境，其对饮食疗法也很有研究，临证常用食疗方。他主张："营养一般不能依靠滋补药品，药补不如食补，服药以冀长生，何异痴人说梦，服药不节欲，亦自伤其生。"这些见解今天仍有现实意义。

对危重患者，蒲辅周多以汤剂为主折其燃眉之势，辅以丸散。体质差、年龄大而病势较缓或胃气不胜药者，汤剂荡涤欲速而不达，多用丸散膏丹，使药力留于胃中以攻削搜剔或缓补体内的不足。冬令沉病宿疾损体，衰惫厄羸，夏令肌肤疏松，易催外感急邪，故主张冬用膏剂滋补，夏用散剂逐邪。其中膏剂以蜂蜜为膏，取矫味、黏腻、滋润之性以适应久病体虚患者。对慢性疾病，胃肠吸收功能较差或治疗效果不显著者，蒲辅周主张小剂缓图或再小其剂用药。

蒲辅周非常重视食疗在药物治疗中的作用，常将食疗寓于药治之中，使二者同步进行。如治疗接触性皮炎，用白糖为引，清润收敛。粳米煮熟取饮煎药，益胃护津；药后荷叶与炒焦粳米同熬米汤助胃气。仿桂枝汤法以助汗，使表气得通，邪有外出之路。龙眼肉煎汤送药，以加强补益气血之功；开水和匀服下，滋阴润燥，助养体之力。鸡子黄冲药，滋阴养液，调理温热病后。仔鸡与药物同炖，补益八脉。乌骨鸡为血肉有情之品，与补气血药物同炖功效倍增。蒲辅周主张药物治疗后，病情稳定或临床症状消失时停药观察，以饮食调养，否则病去强之以药，反伤胃气。蒲辅周还主张服药方法多样：汤剂服法除一日二次的常规外，还分为一日三、四、五、六次；吐甚不纳或病情危急者，少量频服，善后调理，以汤代茶，频频予之；年龄较大，体质偏虚，病情发展迅速者，服药次数由少递增，以适应病变的需求。

久病之人，胃气大虚，往往不胜药力，稍补则壅，稍通则伤，稍温则火亢，稍冷则阳伤。更有服药长久，胃气大损，患者往往厌药，用药即使对证，亦难获满意的效果；如不对证，胃气一绝，危殆立至。故古人反复告诫，留得一线胃气，便有一线生机。在这种情况下，如果能灵活采用饮食疗法，往往可以稳定胃气，化险为夷，度过千钧一发的险关，为下一步的治疗打下基础。人类在生存进化的过程中，自发地形成了缺什么就喜欢吃什么，多什么就厌恶什么的现象。如阴亏者喜食水果，脾虚湿重者喜食辣椒，其实质虽尚未为人们完全认识，但胃以喜为补却是饮食疗法治疗疾病的一个重要原则。《内经》说"临病人问所便"，这个"便"就包括了患者对饮食的喜恶。

1962 年，中医研究院一家属热病后又生疮，长期服药后，病虽退，患者却烦躁、失眠、不思食，后来又发生呕吐，吃饭吐饭、喝水吐水、服药吐药，如此三日。患者系年迈之人，子女以为已无生望，抱着姑且一试的心情求治。询知患者想喝茶，即取龙井茶二钱，嘱待水沸后两分钟放茶叶，下后煮两沸，少少予病者饮。病家惊喜云：茶刚煮好，患者闻见茶香味就索饮，连饮两口未吐，前后喝了两小碗，非但未吐，反觉舒服，腹中鸣响有矢气，当晚即能入睡。次晨醒后，如饥索食，不知能否与食而再求治。蒲辅周认为，久病年高之人，服药太多，胃气已损，今胃气初苏，切不可再投药石，如稍有不确，胃气一绝，后果不堪设想。令用极稀米粥少少予之，以养胃阴和胃气。如此调理月余，患者精神日佳而康复。彼时病者正气大亏，胃气仅存一线，虽有虚热内蕴，不可苦寒通下，若强用苦寒通下则胃气立衰，故用茶叶微苦、微甘、微寒而兼芳香辛散之气，清热不伤阳，辛开不伤阴，芳香微甘有醒脾悦胃之妙。茶后得矢气即是脾胃气机已通，能入睡、醒后索食即是阴阳和调的明证，用甘淡米粥养胃而慢慢康复正是稳扎稳打的意思。

药膳举例：

1. 地骨皮汤

配方：鲜地骨皮、瘦猪肉各 200 克（或猪排骨 250 克）。

主治：崩漏，经期血热月经量过多，或绝经期月经量过多。

制法：将鲜地骨皮用纱布包，与瘦猪肉（或猪排骨）文火炖二至三个小时，加少量盐。

用法：去地骨皮，服汤，肉亦可食，一月内可炖三四次，每次用量适当。

效用：此方凉而不凝，有止血、养血之功。鲜地骨皮性味甘淡寒，善清虚热，有止血的作用；瘦猪肉（或猪排骨）补肾养血，滋阴润燥。

2. 黄金糕

配方：焦锅巴 1500 克，炒神曲 200 克，砂仁 100 克，山楂 200 克，莲子 20 克，鸡内金 100 克，糯米粉、白糖各 500 克。

主治：脾弱中虚，消瘦，久患下利或大便不成形。

制法：锅巴用慢火烘成焦黄色，不必过焦，越厚越好，神曲、砂仁、山楂炒黄，莲子去心，鸡内金炒香，共研成极细末，加糯米粉、白糖和匀，做成糕饼。

用方：每日服 50～100 克，分两次服，无论男女老幼、脾弱消瘦者，皆可久服。

效用：本方药味平和，有补脾和胃、补中益气之效。焦锅巴温中止泻，助消化；炒神曲消食健胃；砂仁性味辛散温通，为健脾和胃之良药；山楂消食化积；莲子性味甘涩平，补脾止泻，益肾固精，养心安神；鸡内金消积滞，健脾胃。

3. 鸡苦胆方

配方：鸡苦胆若干，白糖适量。

主治：百日咳。

制法：将鸡苦胆置于瓦上烧干，研细末。

用法：将鸡苦胆末与白糖调匀，日服两次，一次 5 克。

效用：鸡苦胆性味苦寒，清热止咳，祛痰解毒；白糖补脾益气，润肺止咳。

4. 姜茶汤

配方：生姜、茶叶各 50 克。

主治：痢疾、泄泻。

制法：将生姜切片与好茶叶浓煎。

用法：一日数次，代茶饮。

效用：本方和胃止呕止泻。生姜性味辛温，能和胃止呕、解毒杀虫；茶叶性味苦甘凉，有化食积、消油腻、助消化的功效。

学术思想

川派中医药名家系列丛书

蒲辅周

一、学术观点

蒲辅周是当代中医临床大家，以善治急性热病而著称。在温热病的临床治疗中，他非常重视"必先岁气，毋伐天和"的"天人相应"观，强调治疗温热病要细致观察岁气盈亏，重视季节气候变化；在理论上推崇杨栗山的《伤寒温疫条辨》，提倡寒温一统，熔百家于一炉；在用药上因人、因地、因时制宜，并时刻注重顾护胃气。这是其学术思想的一个重要组成部分。

蒲辅周倾心于中医事业凡七十春秋，善治内、妇、儿科，尤以善治急性热病而著称，但一生诊务繁忙，无暇著书立说。1971年，周恩来总理指示中国中医研究院："蒲辅周是有真才实学的医生，要很好地总结他的医学经验，这是一笔宝贵财富。"在"文化大革命"尚未结束的年代，搞个人学术研究有一定阻力，但在周恩来总理的亲切关怀下，由时任中国中医研究院的党委书记鲁自俊亲自牵头，组织蒲氏门人整理出版了《蒲辅周医案》《蒲辅周医疗经验》和《中医对几种急性传染性疾病的辨证论治》《中医对几种妇女病的治疗方法》等书。

编写本书期间，幸蒙蒲氏门人蒲志孝主任中医师的教泽和指导，对蒲辅周的学术讲稿、临床医案及部分笔记手稿进行了较全面的学习和探讨。现就蒲辅周的学术思想方面谈谈认识。

1. 必先岁气，重视节候

蒲辅周很重视《内经》"天人相应"观，强调临床治病"必先岁气，毋伐天和"。他在《外感热病的治疗经验》一文中指出："外感热病，必须掌握季节气候。"在他的笔记手稿中有这样一段回忆：1954年夏，成都麻疹流行，当地医生大都采用辛凉宣透法而医治无效，诸同道为之束手。我也感到苦闷，昼夜深思如何解除疾苦，默思二三日夜，恍然有悟。该年暑期，成都大雨连绵，街巷积水旬日，老弱小儿日夜坐在床上，数十日不敢下地。人生活在气交之中，成人体壮者尚可支持，小儿弱质，怎经得住暑热雨湿之侵。暑期一过，将近立秋，湿热蒸发，小孩发烧，麻疹皮下隐伏不透，此乃暑季多雨，湿遏热伏，按湿温治法通阳利湿，俾湿开热越，疹毒豁然而出，热退神清而获愈。此法果然奏效，并急告同道，试用后都获得了满意效果。在三仁汤中加进香薷一味，受到了同道的高度赞誉。

1955年夏，河北石家庄地区暴发流行性乙型脑炎，当时死亡率很高，卫生部先后派出由北京医院、传染病医院、积水潭医院、北京儿童医院组成医疗队与协和的洋医生和苏联专家小组前往石家庄，也没能遏止住乙脑的肆虐蔓延。周总理十分关心，指示卫生部："让中医想想办法。"卫生部立即组成了以秦伯未为组长的中医医疗小组，前往石家庄配合先后派去的西医医疗队进行抢救，但效果还是不显，后来卫生部又指示中医研究院组织医疗队下去，蒲辅周即是该队队员。到石家庄后，蒲辅周和第一批医疗队的秦伯未等同道进行研究分析。他提出石家庄当时正值酷热之际，久晴无雨，气候偏热，病属暑温范畴，主张用辛凉重剂的白虎汤进行治疗。经临床投药后，效果非常明显，不到十天，死亡人数大大下降，遂将白虎汤治疗流行性乙型脑炎的经验推广到整个石家庄地区，取得了显著疗效。协和的洋医生和苏联专家都感到"非常不可思议"。医疗队回北京总结汇报时，周总理亲自参加会议并听取了汇报。总理兴奋地说："蒲辅周是高明的医生，又懂辩证法。"就连同行的卫生部首席顾问秦伯未先生，也不得不佩服蒲辅周技高一筹，从此蒲辅周名动京师。

1956年夏，流行性乙型脑炎又在北京地区流行，一开始死亡率就相当高，各医院皆采用了石家庄的治疗经验，却未能奏效。蒲辅周急患者之所急，亲自参加北京儿童医院、第一传染病医院的协作会诊，通过客观、仔细、全面的分析对比，翻阅文献，审时度势，知常达变，认为石家庄的经验，即用温病的治疗原则治疗乙型脑炎正确无误，但关键是要具体问题具体分析，辨证论治。石家庄与北京的乙脑虽同处暑季，但是当年石家庄气候偏热，在久晴干燥的气候条件下发病，病属暑温范畴，故用白虎汤能获良效。而北京地区立秋前后雨水较多，气候偏湿，天气湿热，病属湿温范畴，如果不加辨证，仍以白虎汤救治，当然药不对证，就会湿遏热伏，不仅高热不退，反会病情加重。他采用芳香化浊和通阳利湿的方法，用杏仁滑石汤、三仁汤治疗，经临床观察，湿去热退，疗效显著，大大提高了治愈率，使许多重危患者起死回生，挽救了众多患者的生命。一场可怕的瘟疫得以迅速遏止，北京不少危重患者转危为安。1956年9月4日的《健康报》

头版报道了这场中医药大战乙脑的成果。这是中医药运用整体观思想进行辨证论治的一个现代经典案例。通过抢救大量流行性乙型脑炎患者，蒲辅周根据偏热、偏湿等不同的气候特点及发病过程，总结出了辛凉透邪、逐秽通里、清热解毒、开窍豁痰、镇惊息风、通阳利湿、生津益胃、清燥养阴八法，大大丰富了流行性乙型脑炎的临床治疗方法。1957 年广州地区发生流行性乙型脑炎，用前面两次治疗流行性乙型脑炎的白虎汤、杏仁滑石汤、三仁汤均无效，根据蒲辅周的辨证经验，用苍术白虎汤又获得了显著疗效。直至 85 岁高龄，某个深夜，蒲辅周还应邀到北京陆军总医院抢救危重的流行性乙型脑炎患儿，温开与凉开并用，使重危患儿脱险获救，经调治康复而无后遗症。

这些医案，读来使人赞叹不已，疾风知劲草，危难见真情。在几次大的疫病暴发流行，并严重威胁人民生命健康的严峻时刻，蒲辅周都以济世活人之心和超凡的医疗技术，对疾病辨证论治，独辟蹊径，出类拔萃地完成了党和人民赋予的重托（请参考"临床经验"之"重视时令气候对疾病的影响"和"治疗外感时病的经验"的相关内容）。

2. 寒温一统，融会百家

蒲辅周在《时病的治疗经验》一文中强调："治疗外感热病，融会贯通'伤寒''温病'和'瘟疫'学说，方能运用自如。"他说："六经、三焦、营卫气血等辨证，皆说明生理之体用、病理之变化，其辨证的规律和治疗原则当相互为用，融会贯通。"他认为外邪以寒温之性分，《伤寒论》详于寒而略于温；温病学说在伤寒的基础上详论其温，有所发扬创新，但又离不开《伤寒论》理法方药的源泉。他还认为《伤寒论》《瘟疫论》和温病学说，一源三支，并非流派之争，而是在不同历史时期、不同地域、不同气候条件、不同发病原因下发展起来的不同的治病方法。他将《伤寒论》与温病学说两者有机地结合起来，丰富和扩充了热病的辨证论治内容。他说："温病学说中，温热在卫，用辛凉透邪；湿温留恋气分，立通阳利湿法；瘟疫初起，即宜解毒逐秽为先，为热病初起祛邪增添了治疗新法；热入营血，开创透热转气、凉血散血、开窍宣闭、育阴息风等法，为抢救热病血热妄行、昏迷痉厥、真阴欲绝等重证开辟了新的治疗途径，实补《伤寒论》之不足。然辛温解表、温阳救逆等伤寒之法亦不可废。《伤寒论》已有麻杏石甘汤的辛凉法，是否不需要桑菊饮、银翘散？或温病创立桑菊饮、银翘散而再不需要麻杏石甘汤呢？"蒲辅周认为二者各有所长，必须并存，酌情选用。以治疗腺病毒肺炎为例，他总结的正治法有轻宣透邪、表里双解、清热养阴、生津固脱等。如寒邪闭表，三拗汤加前胡、桔梗、僵蚕、葱白；温邪郁表，用桑菊饮加蝉衣、豆豉、葱白；肺热表寒，用麻杏石甘汤加前胡、桑皮、竹叶、芦根；表寒停饮，用射干麻黄汤加厚朴、杏仁；热陷胸膈，用凉膈散加豆豉、桔梗、石膏；表里郁闭，三焦不通，急用三黄石膏汤加蝉衣、僵蚕、竹叶、葱白；病至恢复期，多是余热伤阴，大都选用竹叶石膏汤加芦根、白茅根；脉虚汗出欲脱，用生脉散加味。救逆法也有多种，并非一概用至宝、紫雪。在蒲辅周所抢救的重症肺炎病例中，有用甘草干姜汤救逆而愈者；亦有用人参汤送服牛黄丸抢救而愈者；热急生风，常用紫雪丹而获效；邪陷厥阴，用椒梅汤而瘳。总之，从正治法到救逆法，皆融会伤寒与温病两法于一炉，无不应手取效。有些医案，看上去症状非常危重，但观其所用之药，却是平平无奇，无非桑菊饮、银翘散，或是两方化裁，均收显著疗效，真可谓"平淡之极，便为神奇"。

蒲辅周在《时病治疗经验》一文中说："治疗急性热病，尤其急性传染病，要研究杨栗山的《伤寒温疫条辨》。"他说："余治瘟疫，多灵活运用杨氏瘟疫十五方，而升降散为其总方。治瘟疫之升降散，犹如治四时温病之银翘散。"他还指出："四时温病之中亦有兼秽浊杂感者，须细心掌握，治疗须与瘟疫相参，才能提高疗效。"在他的医案中，有用升降散合银翘散治疗急性扁桃体炎的，升降散合桑菊饮或麻杏石甘汤加减治疗肺炎的，升降散合小柴胡汤加减治疗胆道感染的，往往都能取得明显的疗效。这些经验，殊堪珍贵。他在几十年的医疗实践中，尤其在治疗外感热病的过程中，总结出了自己的一套理论体系，即"熔寒温于一炉，会百家于一流"。用他自己的话说："治疗热病，必须博采众长，融会贯通，才能得心应手，药到病除。"

3. 运用八法，多有发挥

蒲辅周在《八法运用》一文中提出："以法治病，不以方应病。若固执一病一方，则失辨证论治之精神。八法是治疗大法，当用而用，并得其法，自然应手取效。若不当用而用之，则为误治，误治尚易察觉，唯当用而用之，但不得其法，病情不得改善，往往因用法无误，终不解其何故。""观《伤寒论》桂枝汤条下载：'温服令一时许，遍身絷絷微似有汗者益佳，不可令如水流漓，病必不除。'《金匮要略》第十八条'风湿相搏，一身尽痛，法当汗出而解，值天阴雨不止，医云此可发汗，汗之病不愈者，何也？盖发其汗，汗大出者，但风气去，湿气在，是故不愈也。若治风湿者，发其汗，但微微似欲出汗者，风湿俱去也'。"从以上寥寥数语道出了汗法效或不效的机理。微似有汗为用法得当，邪去正安；如大汗淋漓则为用法不当，正伤而病不除。蒲辅周由此悟出，善用八法者，必须达到"汗而勿伤、下而勿夺、温而勿燥、寒而勿凝、消而勿伐、补而勿滞、和而勿泛、吐而勿损"的境界。如汗法用于外感表证，能解表透邪外出，使疾病早期而愈。伤寒宜辛温发汗，中风宜和营微汗，温病当辛凉透汗，湿温虽然禁汗，但亦要芳香宣透，故有"不得微汗，病必难除"之论。伏邪怫热，自内向外，首贵透发。病因不同，汗法有异，混淆不清必汗而有伤。汗之不及固无功，汗之太过则伤表，大汗必伤阳，过汗亦耗阴。故蒲辅周在《八法运用》一文中指出："汗而有伤，变证蜂起，实乃医之过也。"再如补法用于虚证，补其不足，促使患者康复。但虚有因虚而致病、因病而致虚之别，并有渐虚、骤虚之分，有先天不足或后天之损，有阴阳、气血、津液之各异，五脏各有虚证，虚证多样，补剂也有多种，必须针对性使用。蛮补不仅少效，且能增重病情。故蒲辅周在《八法运用》一文中强调："补药的堆积难达补虚的效果，甚至引起胸腹胀满、衄血便燥等不良反应。"他积数十年临床经验，总结出"气以通为补，血以和为补"的深刻体会。所以在他众多的医案中，几乎没有大滋大补之方，这也是蒲辅周学术思想的一大特点。

4. 治病求本，注重胃气

人是一个统一的有机体，脏腑相关，经络相连，气血相通。中医诊治疾病，首顾胃气，注重整体。蒲辅周治疗急性外感热病，善从整体出发，处理好正与邪的关系。他认为，疾病之所以发生，正气不足是根本原因；疾病的发展转归，正气的盛衰也起着决定性作用。他在《辨证求本》一文中指出："疾病虽正虚邪入，然不可妄补。邪之入侵，其病为实；留而不去，其病亦实。外感病宜因势利导，以祛邪为第一要务。而七情致病，首贵调气，疏其气血，令其条达，亦不可妄补。丹溪创越鞠丸可明其意。然而，有病祛邪，慎勿伤正，尤其要以顾护胃气为先。"他认为，凡疾病之发生转归，莫不与胃气相关。故察病者，必先察脾胃强弱；治病者，必先顾脾胃盛衰。凡治外感病必先顾护胃气，因为胃为卫气之本，卫气来源于中焦，胃气强者卫气始固。他在《略谈辨证论治》一文中，针对部分医者有感于西学炎症之说而滥用苦寒解毒之品的情况十分反感，故谆谆告诫道"苦寒解毒之品大都有伤脾败胃之弊，凡用苦寒攻下之法必须谨慎，要辨证准确，中病即止"。他还强调调理脾胃为外感热病恢复期的治疗关键。伤寒后期脾虚气滞，法宜甘温调脾，可选用厚朴生姜半夏甘草人参汤或异功散之类，补脾当先醒胃，可加砂仁、藿香、木香酌情而施；温病后期最易耗伤胃津，法宜甘寒养胃，可选用麦门冬汤、益胃汤等，益胃当先柔肝，可加白芍、石斛、玉竹，其效更宏。凡治内伤杂病，尤其注重胃气，脾胃为后天之本，五脏六腑皆禀气于胃。蒲辅周强调，"胃气受戕，则内伤难复。故上损及胃，下损及脾，皆在难治之列。五脏无论何脏之虚而关于胃者，必从胃治，不关于胃者亦当时刻不忘顾护胃气这个根本"。蒲辅周进一步强调，"脾胃虚弱之病，药量宜轻，宁可再剂，不可重剂，重则欲速不达，反致虚弱更甚"。他曾治一久治不愈，中阳虚弱之低热患者，投升阳益胃汤，每日煮取 15 克，获效甚速。他在《低烧治疗经验》一文中说："东垣创补中益气汤，黄芪一味最重，也只用到一钱，余药皆为数分，盖因中虚不任重剂之故，医者不可不察。"蒲辅周认为东垣详于治脾而略于治胃，详于升脾而略于降胃，详于温补而略于清润；叶天士倡养阴一法，阐述"脾喜干燥，胃喜柔润；脾宜升则健，胃宜降则和"之理，实补东垣之未备。故他调治脾胃，讲究升降润燥权宜而施，融两家之长，相得益彰，取法于东垣而不失保胃阴，效法于天士而不忘振脾阳，因此他运用补中益气汤、益胃汤往往多有化裁加减。蒲辅周甚推崇补益滋生丸，认为该方既无参苓白术散之补滞，又无香砂枳术丸之消燥，为治疗小儿脾胃病的常用调补之方，这也是他"以通为补"的具体体现。在他晚年的医案中，更见其轻灵平和的用药风格。

5. 先天后天，同时并重

蒲辅周谓："五脏六腑之阳气非得肾阳鼓而不能升腾，肺之通调水道，脾之运化精微，三焦之决渎，均有赖于肾气（功能）。故肾主水，内寄真阳。肾又为封藏之本，使精华物质不能随小便排出。肾者，系先天之本。"《素问·经脉别论》曰："饮入于胃，游溢精气，上输于脾，脾气散精，上归于肺，通调水道，下输于膀。水精四布，五精并行。"

蒲辅周重视"脾胃为后天之本，气血生化之源"。中医学对脾肾俱虚者，治疗先后天并重，脾肾同治。蒲辅周的病案中亦多有体现。例如，蒲辅周曾治疗经行如崩一案，患者病程半年，每当行经大量流血，常致休克，经治各症大减后，续予黄芪建中汤加附子、白术，晚另吞右归丸，调理两个月，行经正常，妊娠。再如口疮后期患者中气亏虚，脉舌属脾肾阳虚，即每晨服补中益气丸，早晚服金匮肾气丸各6克。老年人先天禀赋有异，后天营养不同，工作有顺逆，思想境界有高低，儿孙孝敬照顾有好坏，平素多病少病，颐养有善差，皆可导致体质有强弱之分。强者，神采奕奕，精力充沛，面色荣润，思维敏捷，动作轻灵，进入老年后也少生病，纵然有病也易调治。弱者，精神萎靡，表情淡漠，耳目失聪，素必多病，未老已衰，往往数病缠身，多脏虚损，进入老年后久病易重，新病易起，调治甚难。诊治老年患者，必察体质之强弱、患者之情志、境遇之顺逆、先后天之盈损、病势之缓急、邪气之深浅等，立法选方，酌情权衡，力求达到辨证准、选方精、用药轻的特点。

老人病多虚，调理脾胃尤为重要，脾胃一败，百病难治，既用人参、白术类健脾，又用麦冬、石斛类养胃。脾喜燥恶湿，胃喜润恶燥，六腑以通为补，脾胃升降纳运有别，故调治脾胃的名方、效方宜择善而用。

生长壮老已，人的发育、衰老皆与肾关系甚密。五脏之阳，非肾阳不能发；五脏之阴，非肾阴不能滋。老年人往往思维迟钝，动作失敏，健忘呆滞，反映其脑供血差，甚者脑萎缩，然中医补脑也必须补肾。延年抗衰，必遵循善补阳者必阴中求阳、善补阴者必阳中求阴的原则，宜选用八仙长寿丹、金匮肾气丸、首乌延寿丹等加减，强调先天后天同时并重。

6. 气血之道，贵乎流通

张子和强调，气血"贵流不贵滞"。蒲辅周指出，气为血帅，治血需调气，气行则血行，气滞则血瘀，气凝则血聚。他主张老年人须保持足下温暖，血得热则行，对血液循环有好处；适当参加力所能及的轻劳动，使气血流通，筋骨强健，爱劳动者患动脉硬化等病较少。他认为，临证即使虚证施补，亦务令气机通调，血行流畅。蒲辅周云："脏腑间气血相通，经络相连，是故'一窍不通，则九窍不利'。"蒲辅周曾用补中益气汤加附片、火麻仁、枳壳、建曲及保和丸等治愈一例中气不足、清阳下陷之小便不畅者。在蒲辅周治疗湿温（腺病毒肺炎）案中，患者历用多种西药未效，蒲辅周分析为湿热郁闭，肺气不宣，致发热不退，体温

39～40℃，咳声不扬，拒食饮，大便溏，苔白黄秽腻。经宣肺胃、化痰湿之三仁汤加减，患者热退烦除，精神活跃，咳声已畅，纳增苔退，原方增减两剂而愈。若咳声已畅，滥用止咳，则后患无穷。蒲辅周治疗温病，亦"总以透表宣扬、疏通里气而清小肠，不使热邪内陷或郁闭为要点"。同时，他还指出，温邪的去路为汗、吐、利，最怕表气郁闭，热不得越；更怕里热郁结，秽浊阻塞；尤怕热闭小肠，水道不通，热遏胸中，大气不行，以致升降不灵，诸窍闭塞。

7. 治疗疾病，贵在早期

中医学极其强调疾病的防微杜渐和早期治疗的观点。朱丹溪对此形象地说："尝谓备土以防水也，苟不以闭塞其涓涓之流，则滔天之势不可遏；备水以防火也，若不以扑灭荧荧之光，则燎原之焰不能止。"蒲辅周于斯颇为重视。他申言病气壅塞不通，宜消导疏散，尤贵乎"早期治疗，俾其速散"。若迁延日久，聚而不散，日益坚牢，欲拔不能，"虽有良药亦难为力"。蒲辅周曾亲睹两例百日咳患儿失治致死，力批世俗"百日咳不必治，一百天自然会好"之谬说。他进一步指出，早期正确治疗百日咳，不仅提高疗效，且可防止变证发生。

8. 治急病有胆有识，治慢病有方有守

蒲辅周临证，强调"临轻病勿疏忽不致酿成重病，临重病无畏惧要设法拯救"。岳美中教授曾概括为，"治急性病要有胆有识，治慢性病要有方有守"，实堪后学临证之座右铭。

蒲辅周曾治一例腺病毒肺炎，历用土霉素、红霉素及退热消炎止咳等药，并投大剂麻杏石甘汤、银翘散加味等，了无寸效。患者高热40℃，无汗咳喘，膈动足凉，口周色青，唇舌淡，脉浮滑，指纹青，直透气关以上。蒲辅周的意见为感受风寒，始宜辛温疏解，反用辛凉而寒，致表郁邪陷，肺胃不宣，治以调和营卫，透邪出表，苦温辛温并用。予桂枝厚朴杏子汤加味，仅一剂即微汗出，体温渐退，继以射干麻黄汤出入温化，后调和肺胃、益气化痰，四剂渐愈。又治一温病误补案，蒲辅周断为阴虚伏热，以复脉汤进退，服十剂，病势依然。诸同道有问蒲辅周："只此一法乎了？"蒲辅周泰然答："津枯液竭，热邪深陷，除益气生津、扶阴救液，别无他法。"嘱原方续服，至十五剂而下利止，齿舌渐润，六脉渐达中候。至二十三剂，脉达浮候，其人微烦，夜半往诊，肢厥战栗如疟状。蒲辅周判断乃欲作战汗，着原方热饮，外以热敷小腹、中脘、两足，以助阳升，希

其速通，果得战汗，神息气宁，脉象缓和，原方加减续调而安。此种危症，若无真知灼见，安有过人胆略而扶危于顷刻。

蒲辅周还治疗过一例皮肤湿疹，患处经多方治疗未效，反从下肢向上蔓延至颈部，搔破流黄水。蒲辅周诊为湿热兼风化燥，皮溃风乘，治以阳明、太阴为主，给祛风除湿之汤、丸、散间进，内外兼治，共六诊，移时三月，十三年沉疴之疾竟获奇效。症大减后，续予黄芪建中汤加附子、白术，晚另吞右归丸，调理两个月，恢复正常。

9. 判明主因，辨析兼夹

蒲辅周认为，人既为统一的有机整体，故一脏患病常涉及其他脏腑，其他脏腑亦可影响患病之脏。如"五脏六腑皆能令人咳"，此时不可独治肺也。咳嗽一证，外因以风寒为主，有兼夹火、饮、食、气及虚实、老幼、嗜好之不同，"必佐以消，乃得其平"。如冷食所伤，温而消之，用方如大顺散、备急丸、紫霜丸、香砂导滞丸；食积化热，清而消之，用柴平煎加大黄、枳实。蒲辅周治疗暑湿夹食滞一案，患儿早晨体温 38.4℃，下午 39.4℃，鼻流少量清涕，咳嗽，痰声辘辘，食欲减退，大便日二三行，夹奶瓣样不消化物，饮水则恶心，小便黄，服阿司匹林、抗生素等无效，白细胞总数每立方毫米 12000。蒲辅周诊为伤暑湿冒风，夹肠胃食滞，致肺胃不和，治以祛暑风、调肺胃之苦辛化湿法，以三仁汤进退 6剂而愈。该例若不辨明病因及兼夹，徒强发汗或清凉苦寒强清其热，胃阳受伤，暑湿难解，稚儿脆弱之体则易生他变。

10. 借镜往昔，以广思路

蒲辅周善于从患者往昔的治疗中找出经验教训，重新制定对策，因而收效极高。如他治疗心气虚痛（冠心病）一案，在得悉患者已服中药达五百多剂而诸症未减时，便检阅处方，发现多为瓜蒌薤白半夏汤或炙甘草汤加减，始治以十味温胆汤有效。再如蒲辅周治疗风疹一案，患者系泛发性风团块，剧痒难当，诊前曾内服凉血清热、消风止痒之品，两剂未效。蒲辅周裁夺疾病不属热与火，乃太阴之湿与阳明之风搏结，因腠里闭滞不得外越，治以疏泄营卫、祛风胜湿之荆防败毒散合升麻葛根汤，三剂即块散肿消痒减，稍事加减又三剂，诸症若失。

11. 制方遣药，无厌平庸

张山雷在《本草正义》中论及豨莶草"凡风寒湿热诸痹，多服均获其效，询是微贱药中之良品"。蒲辅周则直截了当曰:"药不在贵,用之宜当。药之贵贱,不能决定药效之高低,用适当才能治病。"诚至理名言也。"葱白"一药,垂手即得,近贤费伯雄誉其"解表通阳,最为妥善,勿以其轻而忽之"。近些年来,在某些医者心目中,似觉葱白难登大雅之堂。蒲辅周则不然,他认为无汗而喘、脉浮者用麻黄汤,若舌质见红可用葱白代桂枝,里热已起可加石膏。因麻、桂同用,宣通卫阳、发汗力猛,走营血要桂枝才行,但舌质红当慎用桂枝,此时投三拗汤加葱白宣通肺气,较麻黄汤稳当。蒲辅周甚至主张,即使风温初起,用银翘解毒散或桑菊饮加减,益以葱白"透邪外出,见效更速"。

"童便"一药,常误为秽浊之物而为世人所不齿。蒲辅周宗丹溪"降火最速,莫过童便"之说,广泛应用。笔者仅据《蒲辅周医案》和《蒲辅周医疗经验》两书粗略统计,言其效用和选用童便者二十六处,且多用于血证和热证耗阴者。其中有一例溃疡病大出血,在应用辨证方药合童便咸寒降逆消瘀后,诸症悉平,脉和睡安。蒲辅周忆及1934年在成都行医时,友人之妻,年三十余岁,病内热两年,诸药失效,请他设法救治,教其服童便,每日三次,每服一盏,服二十日见效,六十日痊愈。蒲辅周从大量的临床经验中深刻地体会到,"阴虚火动,热蒸如灼,服药无益者,用童便清热","童便治诸血病不可缺,能消瘀血,止吐衄、咳咯诸血,血逆加童便,其效更速",并谓:"余临床数十年,凡热盛络伤之证,在对证方中加入童便,颇获速效。"对其药用要求,蒲辅周申明取"健康无病儿童"之中段尿。

"甘麦大枣汤"为《金匮要略》方,有养心宁神、和中缓急的作用。蒲辅周用之灵活,能治不少病。除治疗"脏躁"外,他对甘麦大枣汤的应用还包括:①甘温除热:本方加黄芪亦为甘温除热法,以之加味曾治疗一例低热,服药十五剂热退。②益气养阴:合玉屏风散治疗温热病后期气阴两虚者颇佳;合生脉散治疗气阴两虚自汗者效好;合生脉散加知母、海蛤壳兼清热豁痰药,治一例热病伤阴,待肺胃阴复,痰热亦去,诸症随之消失。③和肝缓急:治脾弱肝强之慢性腹泻,以本方缓肝之急迫,加理中汤理中健脾,佐吴茱萸暖肝胃,诸药协同而奏捷效,乃"甘缓法"之发展。④以补为通:治脾弱转输不利之习惯性便秘,以本方调治而愈。此皆蒲辅周临证匠心独运,始使平庸方曲尽其妙。

12. 辅助疗法，慎勿轻视

蒲辅周数十年来好学不倦，疗病的思维开阔，常不囿于一方一法。在他的验案中，主辅并用、内外兼治、针药同施者屡见不鲜。在他治疗乙脑后遗症（热病后遗）一案中，因前药寒凉攻之过急，药过病所，致卫阳凝闭而不通，神无所用，三焦失司，症见神呆不语、吞咽困难、二便失禁、左上肢瘫痪、饮食全赖鼻饲。蒲辅周断为风痹，主以养血活络、祛风宣痹之剂，辅以针刺，假针药之力和其营、通其输、调其从逆，越数月而康复。在腺病毒肺炎（热闭包络）一案中，患者经用牛黄散开热闭，西洋参益气生津，不待尽剂而皮肤红润，体温反升。蒲辅周断为正邪相争、正胜邪负之际，不可妄行强制退热，遂嘱热水擦浴，"血得热则行"而闭开汗出，热亦随之下降。若非熟谙病机真髓，焉敢大胆用此治法。由是观之，辅助疗法在一病治疗之某一环节或阶段上，还是起到一定的主导或重要作用的。

13. 标本缓急，有条不紊

《素问·标本病传论》曰："知标本者，万举万当；不知标本者，是谓妄行。"一般而言，治本是治病的根本，但"病发有余，本而标之，先治其本，后治其标；病发而不足，标而本之，先治其标，后治其本"。标证急迫，若失于及时治疗，必致病情加重，此时须断然采取"急则治标"，先治其标病，标病既平，"缓则治本"。足见治标实为应急状况下之权宜计策，治本才是针对疾病本质之根本意图。明代方广《丹溪心法附余》倡，崩漏之治"初用止血以塞其流，中用凉血以澄其源，末用补血以复其旧"，虽"中用清热凉血以澄其源"未皆尽然，有待商榷，但治崩三步骤确被后世医者广为遵从。蒲辅周曾治疗产后血崩不止一案，断为劳伤、气陷、虚弱三者兼有之血崩证，起始进大剂人参、黄芪、阿胶、熟地止血塞流，继以炭制中药止血澄源，终投气血双补血肉有情之品，复其旧而竟全功。《素问·标本病传论》曰："谨察间甚，以意调之，间者并行，甚者独行。"标本俱急，则标本兼顾。在治疗冲任不固一案中，患者经来43天不净，蒲辅周选党参、熟地益气固肾，杜仲、川续断、鹿角霜调补冲任，十灰散、炮姜炭止血塞流，标本同治告瘥。

《灵枢·师传》曰："春夏先治其标，后治其本，秋冬先治其本，后治其标。"此为四季标本论治的法则。在治疗周期性发热（寒湿化热）一案中，蒲辅周会诊析其虽为寒湿所致，但业已化热，且时值夏暑，乃先投四妙丸加茵陈、泽泻、木瓜、荷叶、神曲清热利湿，病见好转；秋后寒湿为本，蕴热是标，法予散寒除湿，兼清蕴热，投五积散益以黄柏、泽泻、木瓜、牛膝、薏苡仁，患者未及一周热退。至若"治病求本"案例，蒲辅周著作中尤多，不一一赘述。

14. 邪有出路，病始获瘳

《读医随笔》曰："凡治病，总宜使邪有出路。宜下出者，不泄之不得下也，宜外出者，不散之不得外也。"复谓，张子和变化汗、吐、下三法治百病，即使兼虚，"病去乃可专补"，"补非所以治病也，且出路又不可差也"。先生亦曰，温病来路有二，呼吸与皮毛；去路有三，汗、吐、利。盖温病最怕表闭热遏，更怕里结浊阻，尤怕热闭小肠，阻遏大气，升降不灵，诸窍闭滞，故治疗以透表宣膈、疏通里气而清小肠，无使热邪内陷或郁闭为要点。肺气郁闭用麻杏石甘汤辛凉宣泄、清宣达邪，加三黄则冰伏邪气，无由宣泄。蒲辅周强调，麻疹泄泻是火毒移入肠胃，不可温热止涩；下痢赤白稠黏，乃毒热移于大肠，亦忌讳孟浪止涩；衄血为毒热上冲，衄可发散，故热毒从外解不须止血（仅甚者用发灰吹鼻，服犀角地黄汤加童便）。蒲辅周在治疗流行性乙型脑炎（暑湿并重）一案中，即令温病虽当忌汗，而清解中辛开宣透之药不可少，俾湿泄热透，引邪外达，自无惊厥之虑。以上足以证明治疗急性热病要先解其表，不使邪气深入和内陷，表里和，营卫通，邪自有外出之路；即使是慢性病本虚标实者，亦当注重邪之出路。在治疗慢性痢疾一案中，蒲辅周在方中佐以酒军、皂角子攻积利窍，直达病所，使邪无稽留之所，病乃告愈。否则，滥事兜涩，邪留成澼，久延不愈，医之过矣！

15. 遣方旨趣，剖析入微

《医学阶梯》云："古人之方，俨然可观；古人之法，散漫无涯。若不细心体会，终难察微知著。"复谓："古方甚多，今法莫尽，欲察病者，务求善方，欲善方者，务求良法。"方以法立，以法统方，是其要也。蒲辅周治病遣方，每于异中察同，特别着力于同中察异。如药仅增减一味之三拗汤与麻黄汤，他指出前者较后者温开力小，后者麻、桂同用宣通卫阳、发汗力猛，但舌质红者宜慎用桂枝，此时用三拗汤加葱白宣通卫阳则较麻黄汤稳当；内热已起即加生石膏，成麻杏石甘汤。他谈及越婢汤与防己黄芪汤之异同时，指出二方虽同治风水脉浮恶风，但有一身肿与一身重，即风重与湿重之分，表里虚实之异，所治明显有别。

外感病，犯凉遏或误补，热郁于内，见长期低热，头晕口苦，或热如火燎，扪之灼手，宜升阳散火汤或火郁汤。两方皆自升麻葛根汤衍化而来，能升脾阳、散郁热，深符"火郁发之"经旨。具体应用时，他指出升阳散火汤有人参、甘草、大枣，故脾弱气虚者用之；火郁汤以调和肝胆脾胃，升散郁热为主，故外感郁闭者用之。剖析资生丸时，他言其无参苓白术散之补滞，亦无香砂枳术丸之燥消，实为治脾胃病症见食欲不振、消瘦及大便稀溏之性味和平之良方。比较麻杏石甘汤及越婢加半夏汤时，认为二者所治皆肺闭而喘，然亦有兼夹缓急之不同，宜细辨之。蒲辅周于类方之异似，了然在胸，故理法方药熨帖自然，治病屡建奇功，绝非偶然。

16. 单方验方，亦须辨证

一般而言，单方验方药专力厚，中病速捷。然如《医学源流论》言，病有"传变之道，虚实之殊，久暂之别，深浅之分"，况"人性各殊，天时各异"，故凡病皆一方治之，则"药物专而无制，倔而不醇，有利必有害"。《存存斋医话稿》认为，此类方"效于此者，未必效于彼……断不能执一病之总名，而以一药统治之"，慨叹若"执死方以治活病，强题就我，人命其何堪哉……检谱对弈，弈必败，拘方治患者必殆"。蒲辅周虚心好学，不耻下问，对同道及民间的单方验方不遗余力广为搜求。如广木香，蒲辅周言其行滞气和脾胃，磨汁服佳，但中虚者不得重用，以免过则虚其虚。良附丸温寒调气，对胃寒气滞之心胃气痛颇好，但对肺有伏火者殊不相宜。同样为治疗痹证之方剂，大羌活汤偏重于治疗因湿气重致关节痛之著者，如意通圣散则长于治疗风重所致关节游走窜痛之行痹。鲜地骨皮炖瘦猪肉喝汤吃肉，对血热所致月经过多、血崩和更年期月经过多者卓效，然于气虚、血瘀、心脾两虚和肝肾两虚等证型又非其所宜。蒲辅周介绍治疗气闭耳聋之"通气散"时，主张原方加香附9克，云其为通气开窍方。倘系阴虚耳聋当忌之，宜六味地黄丸；阴阳两虚，投八味地黄丸，应随证灵活加减。治瘿方为降火理气化痰之剂，如是虚证，须配合补益方剂同服，或用消补兼施之方，针对性更强。

17. 中西结合，积极倡导

蒲辅周毕生为中医学鞠躬尽瘁，耗尽心血。其《蒲辅周医案》及《蒲辅周医疗经验》两书共收录医案二百二十六例，其中急症八十五例，占37.6%，多数为西药或中西药结合治疗罔效，甚则恶化者。业经蒲辅周会诊，病机方药，议论纵横，单用中药皆化险为夷，足见其理论水平之精湛、医术之高超。然自中华人民共和国成立后，无论在四川成都，还是在中医研究院，蒲辅周一贯致力于中西医团结合作，将自己的宝贵经验毫无保留地传授给西医，同时在一些疾病中力倡中西医有机地结合，以相互取长补短，不断提高临床疗效。特别在急救方面，蒲辅周认为，"中医要学习西医的长处"，但又指出"同时也要继承和发扬中医学传统的特点，以促进中西医结合"。他如数家珍地罗列出中医治疗急症之闭证、脱证及其兼夹之辨证、治则与方药；强调中医急救一般先用针灸，实者用针，虚者施灸，皆沿用千百年而行之有效者。如治疗重症小儿肺炎（冬温）案、腺病毒肺炎（温邪郁闭）案时，两案均为高热危笃之证，先生会诊前都曾予西医紧急处理（吸氧、输液及洋地黄），他认为这样就为中医治疗创造了有利条件，不仅可防止变证之发生，而且可借此提高疗效。蒲辅周为一代名中医，能在中西医团结合作方面起表率作用，实在难能可贵。他在中西医学术上，摒弃门户歧见，主张有机结合，在今天看来仍有重大的现实意义和深远的历史意义。因此，他的医术、为人和医德，深得世人称道。

二、医话

本部分由蒲辅周遗著，蒲辅周与学生、子女平素谈话的只言片语整理而成，虽然系统性不够，但足以反映其一些学术思想和部分治疗经验。

（一）蒲辅周遗著《介寿堂随笔》选

自序 公元 1963 年 7 月，避暑于万寿山颐和园介寿堂之东轩，有暇将数十年之随笔、杂抄，选择整理。中医学历史悠久，内容丰富，其中精华颇多，糟粕亦有。此册乃三结合之杂抄也：一部分是文献中所载各先哲之创方，有卓越奇异之效且合乎经旨者；一部分是老中医口述，却具有深意者；一部分是民间验方，用之有效，于理不悖者，录之以供后学之参考。但是各方虽然妥善，至临床时必须辨证施治，与证适合，方能有效，若辨证不明，则用之罔效。年七十有五，手拙、目瞀、笔钝矣。

1. 使用童便的经验

童便对阴虚痨怯，吐、衄、咳、唾诸血病，余用之皆有效，且不妨碍其虚。骨蒸劳热，内热入血诸证用之皆效。惜乎世人以秽浊之，殊不知乃浊中之清，真良药也。产后服之，诸恙皆息，百病不生（产后一、二、三日中，日服二盏，民间一般如是也）。又跌打损伤，单服此一味即愈。回忆余一九三四年悬壶成都时，友人之戚妇年三十余，患内热病两载余，服药数百剂未获一效，诸医束手，病如无闻。求治于余，教以服童便三碗，次第早、中午、晚每服一盏。服二十余日见效，六十余日痊愈。童便滋阴降火之功，于斯可见，故志之。

2. 治病须考虑胃气

妇人之疾，每多癥瘕积聚，善治者调其气而破血，消其食而豁痰，衰其大半而止，不可猛攻，庶免损伤元气。凡攻击之药病重则病受，病轻则胃受之而伤矣，是谓诛伐毋过，须扶脾胃正气待其自化，此即开郁正元散之由名也。或云：待块尽而后补养，则胃气存者几希？胃为后天之本，所以必先顾胃气。经曰："有胃气则生，无胃气则死。"可不慎哉？

3. 肠痈的治疗经验

余用此方颇效（即《景岳全书》所载红藤地丁酒方。见《蒲辅周医疗经验》一书的方药部分）。或用红藤一两，菖蒲三钱，酒水各半煎服，痊愈者甚多。忆昔在成都时，劳苦贫穷之人患此恙，经医院检查肯定为阑尾炎，无钱交费住院开刀，余即与红藤、菖蒲二味治之即愈。此方施于此证初起，无不应手而效。仲景大黄牡丹汤、薏苡附子败酱散治肠痈有特效，近人多采用之。大抵凡一切病，必须分辨寒热虚实，以及病时之初、中、末，用药无不获效。临床注意，菖蒲用石菖蒲为佳，即九节菖蒲，水中生大叶臭菖蒲不能用。

4. 痢疾的治疗经验

先哲所选集历代治痢诸方（指《济阴纲目》等书中所载痢疾方），虽善，但多救逆之法。凡伤寒、温病、疟、痢等急性传染病初起，必须分清表里寒热虚实，属阴属阳，庶免贻误，况且暑湿寒热之不同。若初起不分清界限，笼统以治痢成方应治，往往转成逆证，延长病程，甚至难愈，可不慎哉！

5. 驱虫的经验

鹤虱，本草善治蛲虫，余用多年效果满意。鹤虱一味或浓煎取汁加红糖温服；或为末每服二三钱，红糖煎汤下。《金匮要略》甘草粉蜜汤之法，乃诱而杀之良法也。乌梅丸用蜜亦甘以诱虫之义。余每用驱虫药必本此义，加入红糖，疗效显著。

6. 水肿的治疗经验

水肿，服药不效者，用大蒜十个捣如泥，入蛤粉为丸，梧子大，食前服二十丸，白汤送下，小便利则愈。又方土狗（即蝼蛄），瓦上焙干服之，水肿即消。又方金虾蟆两个，放猪肚子内酒煮一日，去虾蟆，食酒和肚，食尽下气最多（金虾蟆需与蟾蜍严格区别，倘错用，将会导致中毒事故）。水肿又方：青蛙八个，韭子八两，炖熟食之即消。又方红瓤气柑（用壳），放猪肚内扎紧，放瓷盆重汤炖熟，加胡椒面一钱，连汤吃完，下气即消。

7. 木通治痹

济阳木通汤治感受风湿，得白虎历节风，遍身抽掣作痛，足不能应地。用木通二两扎细，以长流水煎取浓汁顿服，服后即效。次日又照前方浓煎木通二两顿服，又发红丹，出汗，至足底汗出，遍体舒适而无痛矣。

按：木通有黄、白二种，黄色味酸苦，白色味薄而淡，甘淡为阳，酸苦为阴，大抵发汗须用白色木通。白色木通出四川、湖北等地，野生，体轻松，吹能通气。此是余之老友口述草药，余以此方遍传亲友，愈者甚众，故录之以做参考。

8. 腰痛摩腰丹

摩腰丹治寒湿腰痛，附子尖、乌头尖、天南星各二钱半，朱砂、干姜各二钱，雄黄、樟脑、丁香各一钱半，麝香一分，共细末炼蜜丸如龙眼大，每周一丸，姜汁化开，如粥厚，烘热置掌中摩腰上痛处，令尽黏着肉上，烘棉衣缚腰，令热如火，间三日用一丸，或加吴萸、桂枝。

9. 哮喘简便方

哮喘简便方：高粱酒一斤，麦芽糖一斤，将糖放在酒内浸化，到了数九日（即从冬至节起），每夜饮一杯，勿醉，服至九九尽止，年年照此久服自愈。九九八十一天，恐要几斤才够。又方：芝麻油一斤，麦芽糖一斤，将糖放麻油内浸泡，服法如前。前者宜用于属寒性的哮喘，后者宜用于属热性的哮喘。

10. 蝙蝠散治疗痫、哮喘和瘰疬

蝙蝠散治诸痫。用蝙蝠一个，以朱砂三钱填入腹内，以新瓦焙令酥，候冷，

细末，每一个分四服（气弱及年幼者分五服），空心白汤下。去朱砂，仅用蝙蝠，制法服法同上，亦可用于久年哮喘（朱砂含汞量较高，不宜久服、多服，以免引起汞中毒）。

又，治瘰疬多年不愈者，用蝙蝠一个，猫骨头一个，用黄泥包之，火煅，火足时去泥土再用黑豆同煅一次，碾为细末备用。湿则干掺，干则油调敷。

11. 瘰疬收口验方

治瘰疬收口验方：龟甲火煅存性，埋净土中七日夜，青果阴干火煅存性，同研细末，敷之收口，神效。此友人口述方。

12. 鹤膝风方

鹤膝风，膝肿大疼痛，胫腿枯细是也，用四神煎，此方《验方新编》有载。生黄芪八两，远志肉、川牛膝各三两，石斛四两，用水十碗，煎取二碗，再入金银花一两，煎一碗，一气服之，服后两腿如火之热，即盖暖睡之，汗出如雨。待汗收后，缓缓去被，忌风，一服病去大半，再服根除，不论久近皆效。

（二）蒲志孝整理的医话

此部分内容，系蒲辅周生前对其子蒲志孝的言传心授。蒲辅周生前对其学习十分严格，信函往来也要谈医。兹就信函遗语、书刊眉批略作整理，并尽量保持原貌，虽系只言片语，但亦可窥蒲辅周学术思想之一斑。

1. 论"调神"

七情伤人，在某种情况下更甚于六淫。精神治疗的作用在许多内伤疾病中都远甚于药物，即使是六淫所伤，患者的精神状态正常与否对于药物的治疗作用也大有影响。

由于精神状态的正常与否直接关系到人的健康、寿夭，所以《内经》把"积精全神"列在卷首，这绝不是偶然的。书中谈到"恬惔虚无，真气从之，精神内守，病安从来。是以志闲而少欲，心安而不惧，形劳而不倦……是以嗜欲不能劳其目，淫邪不能惑其心"。又说真人、至人、圣人、贤人之所以能"把握阴阳、寿敝天地，无有终时"或"游行天地之间，视听八达之外"，究其原因不外"呼吸精气，独立守神"，"内无思想之患，以恬愉为务"，因而能"精神不散"。当然，这些论述有些地方可能说得有些夸张，但由此可知精神状态对于人们健康的重要性。

人的情志影响健康，而健康情况也影响情志。《内经》说人有五脏化五气，以生喜怒悲忧恐。故喜怒伤气，寒暑伤形，暴怒伤阴，暴喜伤阳……喜怒不节，寒暑过度，生乃不固。这就说明了情志以脏腑气血的气化功能为物质基础，反过来又影响气化功能，喜怒不节和寒暑过度一样，可导致气机紊乱，影响人的寿夭病已。

人们往往注意到情志对脏腑气化功能的影响，主要是因为情志失调影响气化，其来骤，其症显，而气化功能失常影响情志，其来缓，其症不显。如"百合病"是心肺阴虚导致的精神状态不正常，故而出现"有如神灵者"。妇人经水适来或适断，又感外邪，热与血结于血室，形成昼日明了、暮则谵语如见"鬼"状。《三指禅》中提到因痰饮而导致如山川崩裂，或闻高捷南宫，或闻雷霆风声，或身如虫行等怪异现象。为人喜悲伤欲哭，数欠身，象如神灵所作，是"脏躁"所致。各家所载还很多，都是因气血失常影响精神状态。只要脏腑功能好转，"神"病也随之好转。我常用甘麦大枣汤加味或加减十味温胆汤，辅以精神安慰，治疗气短心慌、悲伤不能自持的患者，疗效较为满意。

脏腑功能失调在梦中也可以反映出来，《内经》中讲得不少。我平时见脾虚之人多梦见腹饥进食，食不能饱；大盛之人多梦见斗殴，火烧房屋；心气、肝气不足之人往往梦见高岩失足，手足惊搐，当预防风瘫；正气大亏，心情怫郁之人，多梦见山陵崩毁，房屋倒塌，鬼神侵扰；气血虚弱夹痰郁之人，多梦见鬼神怪异，或平时见所未见、闻所未闻之事；如局部梦见犬啮、虎咬痛不可忍，多为气血凝滞，当速为疏通，防其久后生疮；阴盛阳衰之人易梦见茫茫大泽或蛇类；当痰饮阻塞气管时，往往梦见走进小屋，欲进不能，欲退不得，憋得浑身汗出。《内经》谓"心藏神、肝藏魂、肺藏魄、肾藏志、脾藏意"，听起来似玄妙，实为元神之别称。

自 1970 年以后，我常梦见回梓潼与故人团聚，而这些人皆已去世，又常梦见无边大漠或游于大海彼岸。《金匮要略·五脏风寒积聚病脉证并治》云："邪哭使魂魄不安者，血气少也。血气少者属于心。心气虚者，其人则畏，和目欲眠，梦远行而精神离散，魂魄妄行。"所以我这些梦境大概是"行将就木"的预告。细心揣摩患者的梦境，有助于查知病变的部位、性质和预后，不宜轻视。

　　因情志伤及脏腑气化功能，一定要先解决患者的情志，然后辅以药物治疗，否则徒伤正气。以梅核气而论，此病多发于忧思过度，如果不改变患者的精神状态，徒用行气之药如柴胡疏肝散、厚朴七物汤、越鞠丸、四磨汤之类，愈行气愈结，以气弱复加思则气结之故也。将患者换一环境，常处于喜悦、活跃的环境是无上的良药。又如因大怒而致昏厥，虽有潜阳镇逆之品而不设法平息其怒气，实难见功，医者必须苦口婆心，善言开导。

　　不过言语开导也不能千篇一律，对于病不甚重，而精神完全被疾病所压倒者，要"恩威并用"。要直指其精神的软弱状态，正言责之，再另用他人安抚，一"剿"一"抚"，颇易见动，不然一味温言安慰，反而愈劝愈不能自拔。

　　有些病者，被责之后，反而奋起与病相抗，这是精神治疗的反治法。还有一种粗知道理、断章取义者，精神干扰亦不能忽视。李士材曾说过，这种人硝黄尚未入口，已魂飞魄散；参术尚未下咽，心先痞塞。这种人一定要直指其弊，不然药之无功。旧社会为礼教束缚，待嫁室女、幽尼、寡妇所欲不遂，往往形成经闭，男子独身则多梦遗。这类情况不可以病论，冒昧用药，反而加病，历代先哲皆有论述。徐灵胎治男子阴肿，是因"思女子而不得"。余奉仙把这类情况比为"草木荫生，终不得沾雨露，又为稍见风日，阳无阴施，阴无阳化，有不萎败者哉"。

　　也有一种精神紧张，药后作呕的患者，一定要想办法使其精神分散。我曾治一反胃患者，一闻药味立即作呕，我反复思考采用小半夏汤加入红糖。首先给患者说明不是"药"，是姜糖开水，以解除其畏药情绪；其次说药后如果两脚心发热，病就痊愈。患者喝后一心专注在脚心，一口也未呕，待药力发挥后呕也就此止住。

　　要解决精神状态不正常，平素敛气存神非常重要。《素问·阴阳应象大论》指出，对于精神的损益，"知之则强，不知则老"，"愚者不足，智者有余，有余则目耳聪明，身体轻强，老者复壮，壮者益治"。佛家把过耗精神称为六贼，眼、耳、鼻、舌、身、意过用则皆能耗散气血，使精神萧索，故"心猿归正，则六贼无踪"。为了探索健康之道，对于这类东西的著述不少，不管是"八段锦"或"二十四段锦"，达到"大周天"也好，"小周天"也好，目的只有一个，即"积精全神"。我几十年的体会就是求其自然，佛称"观自在菩萨"，只要心神内守不乱，默默守住丹田就好，若故意憋气，往往憋出病来。若能长期意守丹田，真正入静，就能做到由弱转强，达到任何药物所不能达到的治疗作用。我在早年身体较差，多年来敛气、存神，所以能活到上寿。正气内存，气血不乱，何病之有？心神不安，只存躯壳，神魂飞越，定不永寿。在临床治疗上，切勿轻视精神治疗，切勿忘记精神作用。

2. "乙脑"与石膏

齐某患"乙脑"，前医使用石膏、知母及苦寒药类，遂至亡阳之变。我诊后急书：附子一两，干姜五钱，甘草三钱，叮咛速服。有善用石膏治"乙脑"之某大夫阅方后谓之下咽则闭，"乙脑"乃热病也，岂有用热药大剂之理云云。齐又粗知医理，急召我至，见其四肢厥逆，冷汗淋漓。我慨然曰："若不急于救阳护阴，束手待毙乎？"一日之间，进两大剂，方使转危为安。

余谓：任何病，万不可被病名吓倒，疾病因人、因时、因地而异，岂可执一方而治万病。所谓治病就是治其人之病，人有禀赋之异、症状之异、方土之异，方应随之而灵活增减，贵在临证布思，审查隐微。以"乙脑"言之，有过用苦寒而致泄泻者，治以泄泻为重，用六和汤加粉葛有效，有因暑热而表证尚在者，用香薷饮加六一散有效，不可概以为热证，动辄石膏半斤。

3. 谈治病求本

凡治病必先找出发病的根本，即《内经》所谓"必伏其所主，而先其所因"。这一点，是临床治疗的绳墨。历代先哲的著述中无处不体现这种观点。

观仲景《伤寒论》，同属太阳病，由于患者体质这个"本"不同，于是就有麻黄汤证与桂枝汤证的不同表现和治疗方法。

以《金匮要略》而言，同属虚痨病，有的因中阳不足，有的因干血内停，由于这个"本"的不同，所以在治疗上也各不相同，一用黄芪建中汤，一用大黄䗪虫丸。

后世各家对这方面的总结、论述如汗牛充栋，不胜枚举，颇能启发人。

三十多年前，我在蜀中曾治两例失眠患者。一例自述不思食、不思睡，夜愈欲睡愈兴奋，昼却头昏然，寐亦不能，其他无任何不适。查其舌、脉亦无特殊变化。观其所服方药皆系养阴、清热、重镇安神之类。反复考虑不外如此治疗，何以毫无效验？详细询问，才知道患者在两月之内，几乎天天饮酒食肉。我猛然醒悟，此乃膏粱厚味郁积蕴热，热郁阴分，内扰神明，神不安宅，故而精神亢奋。

此病虽未见脾胃积滞之实象，但不思食即可以从积滞论治，因膏粱厚味郁积发热不能与燥热内结等同。山楂最善消肉积，故用山楂八钱，神曲五钱，麦芽五钱，茯苓三钱，令其煎服，一剂后小便较正常略多，且自觉发烫、极臭，当天即感睡意蒙眬，两剂后即能正常入睡。之所以能够通过消积滞以达到安神的目的，就是因为失眠之"本"乃是膏粱厚味所发之郁热内扰阴分所致。

另一例失眠患者，自述因冒雨行走，此后渐次身重、脘闷、失眠，前后达两月之久。患者极言失眠之苦，迫切希望医生药到瘥安。观其所服三十余剂方药，多系养心、和胃、安神之类。我反复推敲，病在淋雨后发生，属湿邪作祟，再仔细询问，果然除上述症状外，尚有头胀、呕逆、口苦、舌苔根部微黄腻、脉象沉缓。证与湿邪为病相符合，失眠显系湿邪阻滞气机所致，祛湿即可安神，以藿朴夏苓汤主方，进退加减三剂即告痊愈。

两例患者虽同系失眠，但一因膏粱厚味郁积发热所致，一因湿邪内扰所致。致病的根本一经了然，治疗方案便容易解决了。

对待标与本亦不可执一，二者是随时可以转化的。如我治漆某之脑炎。前医治以清热解毒为主，方中石膏用四至十八两。迨我诊治时，患者已见神昏、呕逆、烦躁、汗出、舌苔白滑厚腻，呈现一派中寒亡阳现象，急以四逆汤大剂与之而取效。这时患者的"本"已由热中转为寒中，由热盛转为亡阳，故应以温中回阳救逆为主。

又如张某患痹证十余年，其间祛风、除湿、舒筋、活血诸药所进不知凡几，却不能制止病情的发展，到后来周身筋经挛缩如虾。因患者正在青年期，气血正旺，本不应坏至如此地步，皆因治者始终把风、寒、湿合而为一看作一成不变，反复使用温燥药如羌活、独活、防风、川乌、草乌、松节，舒筋活血药如乳香、没药、牛膝、姜黄诸品，从而导致营阴大损，以致液愈枯、筋愈急，终成废人。此病初期的风、寒、湿已不为病之本，燥热伤阴反倒为本了，治疗就应该以养液、柔筋为主。例如《金匮要略》桂枝芍药知母汤中用芍药、知母，《千金要方》独活寄生汤之用地黄，皆为养阴所设，而张洁古之天麻丸中用羚羊角又为寒湿化火而设。思不及此，每易偾事，不可不知。

人是一个活体，因此前贤非常强调患者因病源的不同、禀赋的差异，治疗方法应各不相同。另外，随着周围环境的改变，人体自身亦随之变化，所以，病情随时都在转化。在一定的条件下，原来的本可以转化为标，而标又可以转化为本，所以临床应以变的眼光去看待标本之间的关系。我认为，不管是新病还是旧病，导致机体产生病变的主要因素就是本，在几种邪气合犯人体的情况下，对机体危害最大的就是本，也是应该被解决的主要问题。其他的可以举一反三，切勿胶柱鼓瑟，刻舟求剑，以误病家也。

4. 要求"神"合，不必求"形"合

实践已经证明，中西医结合大有成效，二者结合解决了不少单靠中医或西医所不能解决的许多疑难问题。可是二者的理论体系究竟有别，所以牵强附会地硬搬现代医学的名词和概念，放弃中医的辨证论治，往往会弄巧成拙。

众所周知的"乙脑"，姑且不谈病随体质差异等因素的变化，仅就病邪而言，中医就有偏暑偏湿之别，故而在治疗上一则重清热，一则重利湿。对于现代医学所谓之高血压病，就有等于中医肝阳上亢的说法，遏之则铁落、代赭石、龙胆草、白芍、丹皮之类一派清润潜降，结果有有效者，有不效者，甚有偾事者，究其原因，不外对证与不对证。就以患者邓某和艾某而言，同属高血压病（参见《蒲辅周医案》第2～4页），一为肝肾阴亏，真阳浮越，故以益阴潜阳论治；一属肝郁血热，故从平肝着手，终用肝脾两调而收功。另有一例患者，因脾功能亢进，主治者以脾大属血虚血热，乃以攻逐为主，最后选用地鳖虫以搜剔，结果大便所下不可名状之物，患者全身状况较前大为衰退，不得已做了脾切除手术，中药治疗也改弦易辙，方才基本稳定。八年后患者全身浮肿，以午后下肢肿为甚，大便日行三次而不成形，脉大鼓指而空，舌光无苔而不思饮，血压在150～160/120～130mmHg之间波动，饭后口中有苹果味。患者整个情况属脾肾两衰，阳气浮越，故治疗用甘酸敛阴、甘温养阳，而敛阴忌其腻、养阳戒乎燥，服至五六剂，血压下降至130/90mmHg，肿减大半。十余剂后大便成条，一日一行，竟稳定两年左右。此病若因血压高而以肝阳上亢论治，不啻落井下石。喻嘉言曾说过"如此死者，医杀之耳"，这句话每个医生都要时时引以为戒。

麻疹，现代医学认为系传染病，中医则认为"虽为胎毒，多为时行"，既强调传染，亦注意内因，因麻疹以透发为顺，故一般治疗以辛凉宣透为主。可是1945年成都遭洪灾，家家户户水深盈尺，秋后小孩出麻疹，色不甚红艳，隐于

皮下，用辛凉宣透几乎无效，后考虑到湿遏，采用苦温化湿法，往往一剂即见透发，告诸同道，试用皆称满意。

再以肺炎而论，有人认为即是中医所谓肺火，所以要消肺之火"炎"，就需用银花、连翘、黄芩、黄连、知母、栀子之类，还有人认为只有温病才涉及肺炎。这些论点，实属偏见。证之临床，肺炎初期属风寒者，可选用十神汤、三拗汤；夹里热者，可选用麻杏石甘汤、越婢汤之类；确系风温，可选用银翘散、桑菊饮或加减葳蕤汤；若有兼证，尚应灵活加减。我亦曾用桂枝加厚朴杏子汤治疗肺炎，此方乃《伤寒论》方，由此可见治病不必拘于病名，总要对证为要。

急性黄疸性肝炎多解释为湿热，而医药几乎皆为茵陈蒿汤、栀子柏皮汤。这未免太简单化了，即使确为湿热也要分阴黄、阳黄。临床上常可见到黄未退而脾肾阳气大损者，皆系苦寒太过，湿热未去，阳气已衰，实在可叹。无黄疸的肝炎，有伤于情志，有伤于过劳，有伤于失治，因此更不可动辄茵陈、栀子。伤于情志者，决非单靠药物能奏效。伤于过劳者，必先节劳而后药方能奏效，同时还要从整体着眼，不要把病位死扣在肝胆上。如一例肝炎患者经多方治疗转氨酶不降，我直接调整其脾胃而转氨酶亦降。因为中医对各脏器的概念与西医不完全相同，西医的病位可提供参考，但不能对号入座。近年来，人们习用活血祛瘀治疗冠心病，此法非不能用，但不可滥用。如有一患者，胆固醇、脂蛋白偏高，用了草决明、山楂、郁金、菊花、丹参、虎杖之类的药物后，反而头晕加剧，心跳加快，更出现气短、疲倦、大便溏等症，而胆固醇、脂蛋白并未见明显降低。治者嘱患者少吃糖，而患者却谓"一年中很难吃几次糖食"。我改用补益中气法治疗后，上述诸症明显减轻，这样反复几次后，患者说："我不懂医学，但不知自身感觉是否是治疗正确的标志？吃了那些降胆固醇的药后反而加剧，一吃补益中气的药，症状立即减轻。我原来以为是偶然，但几次反复后证明绝非偶然，这其中一定还有别的道理，希望大夫们研究研究。"像这样的患者，可以说是医生的一面镜子，应当时时自照为要。更有医生把冠心病与瘀血等同起来，似乎舍活血祛瘀别无二法，这就更背离辨证论治的原则了。如一患者，年已七旬，老年之人阳气与阴血皆衰，可是却连续使用红花，且达五钱之多，愈破愈伤正气，阳气衰，气行不足，所以两足感到寒甚。这样的治疗实在让人感到担心。试看不少有识之士对冠心病的治疗为阴亏者滋阴，阳衰者扶阳，痰阻者豁痰，有瘀者逐瘀，或分用或合用，以证为准，法度井然。此病大多本虚标实，故拟双解散扶正祛邪并行，但此方也不可死执，还是应与证合参。《金匮要略·胸痹心痛短气病脉证并治》有"胸痹，心中痞气，气结在胸，胸满，胁下逆抢心，枳实薤白桂枝汤主之，人参汤亦主之"的明训，这是典型的辨证论治。有些处方不依法度，用药庞杂，大队齐出，有许多药是根据现代药理研究及试验表明能扩张血管云云而用，如按此开方，发现一种扩血管药则增加一味，推而广之，不知要多大一张处方才能容纳得下。

有一患者，女，因受寒而致每次行经即发生麻木抽搐，经后始平。察其脉证乃血虚而风寒内侵，久治未愈，采用温经祛风，继之气血两补，数年之疾竟得痊愈。此患者曾经某医院检查，血中磷钙较正常人低，自从服中药后，随着症状减轻、消失，血中磷钙也趋正常。当时用药的我又何尝去查药典看看哪些中药含钙多，哪些中药能促进钙的吸收？可见中西医两种理论体系虽异，但治疗对象则一，因此在客观上有相同之处，随着科学的发展，二者之间必然会有更多的共同语言。所以在临床上不必东施效颦，应始终注意辨证论治，要求"神"合，不必求"形"似。

5. 谈"节欲""宁神""饮食"

做父母的谁都希望子女健康、聪明，要做到这一点，除后天的营养、教育外，重要的因素还在先天。所以在怀孕之前，首先应注意夫妻双方的身体健康，俗话说"母壮儿肥"，若育儿夫妇体质不好，胎儿的健康必然受到影响。要想育儿夫妇身体好，节欲是个重要的方面。如果房事不节，肾中真阴、真阳俱不足，则很难受孕；即使受孕，多易流产，胎多不壮，就是想尽千方百计保住胎儿，生下的小孩儿也往往弱不禁风，无论智力、体质，各方面都差。要想胎儿健壮，在受孕前三月至半年，夫妇最好分居，这样戒房事一段时间，双方气血皆充足，精髓饱满，最易受孕，孕后胎儿发育也好，孩子一般都健康聪明。

我曾见一男子患遗精病，无论白天黑夜，心中稍有所动，精就遗泄了。前后经补养、收涩、重镇等治疗半年多，服用如六味地黄丸、八味地黄丸、十全大补汤、斑龙丸、金锁固精丸之类百余剂无效。患者在医生面前发脾气，认为医生对他不尽力，有绝招不用。经过仔细询问，我才知道他在新婚蜜月时性生活无分昼夜，到第二十五天性交时突然感到天旋地转、周身骨架如散，经过多方治疗，半年后才能近距离行走，稍劳动则气短、心慌、疲劳异常。爱人因他形同废人，也离婚而去。我告诉他："夫妻房事切勿纵欲贪欢，即使年轻力壮，也应节制，以一月一度为好。古人所以提倡男子三十而娶，女子二十而婚，就是以免早婚损伤元气。你昼夜无度，元气大伤，肾不能藏五脏六腑之精，短期安能恢复。如能清心寡欲，注意营养，再助以药饵，慢慢或可收效。若徒靠药物，实难收功。"这类纵欲伤身者，临床并不少见。纵欲者岂但不易种子，即种子亦易夭折。《内经》说："以欲竭其精，以耗散其真，不知持满，不时御神，务快其心，逆于生乐，起居无节，故半百而衰也。"就是对纵欲伤身的高度概括。有的人把希望寄托在药物上，希望依靠药物来填精补髓，这也不是不可能，但总不如自养。李恒超曾批"种玉丹"说："与其精既竭而藉药饵以补填之，何如节之使之不竭之为得乎。即或禀受怯弱，本质虚羸，然唯能节欲而后药力之滋补乃有效耳。"可谓要言不烦。何况药物总有偏颇，不及自身保养。

我在旧社会行医数十年，有很多富贵之家不知节欲，求诸药饵，奏效者寥寥无几。记得在成都行医时，有一富家娶妻三房仅得一子。某年冬春之交，其子烦躁啼哭不已，三天内更医近十人，孩子仍然啼哭不思乳食，最后求我诊治。我见已开的药方不少，有健脾的，如参、苓、白术，有消导的，如神曲、山楂，有散寒的，有疏风的等。我仔细查看小孩的指纹、大便、舌苔均无特殊之处，仅脸色略红，思考半天，处不出什么方子，于是询问家长，始知此富翁生子前乏嗣，常服参茸后才生此子，因而此子先天就阳盛阴亏，故而烦躁不乳。这就说明寄希望于药饵，总是不那么理想的。

孕后不能同房，这是保胎的要诀，孕后同房最易导致流产。即使不流产，欲火煎熬，出生后的小孩也容易生病。曾有某君因爱人多次流产，十分苦恼，向我问询保胎良方，我察其无病，问及夫妇生活，得知孕期同房过多，嘱其孕期一定不要同房，结果顺产一婴。

除注意节欲外，还应注意清心宁神。这一条对孩子的性格和智力关系很大，同时也将影响孩子的体质。《内经》非常强调精神和健康的关系，比如"心者，五脏六腑之主……故悲哀忧愁则心动，心动则五脏六腑皆摇"，"大怒则形气绝"，"恬惔虚无，真气从之，精神内守，病安从来"等。后世医家在此基础上更予以补充、发挥。如严纯玺在"教养宜忌论"中就反复谈到，妇人妊娠三月，形象始化，未有定仪，因感而变，口谈正言，身行正事，生活端正庄严。还说："勿信师巫，勿听淫词野传，口不可出恶言，勿见鬼神怪戏。"妇人在孕期精神愉快，情绪安定，对胎儿的发育是有益的。情绪不好，除了影响孕期胎儿，甚至可以使妇女不孕，如傅青主就专门把嫉妒列为不孕的原因之一。因此，孕妇应比平时更加注意性情修养。

节劳，也是孕期不容忽视的一个问题。因为孕期的气血消耗大于平时，过劳，气血消耗量增大，势必导致胎儿供养不足，从而影响胎儿发育，甚至流产。很多孕妇出现气短、心慌的现象，就是气血不足的明证，在这种情况下，如不节劳，生下的孩子也不会很健壮。我所说的孕期节劳并不是说什么都不干。还需要说明的是，人们往往注意了"形劳"而忽略了"神劳"。做脑力劳动的妇女，孕期更应注意不能用脑过度，"曲运神机则伤心"，脑力太过所伤，某种程度上更甚于体力劳动，所以有"形苦志乐寿，形乐志苦夭"的说法。有些劳心过度的妇女，生的孩子也显得苍老，她们曾经问我："我们的孩子营养也不差，为什么总是干瘦？"殊不知这就是孕期未节"心劳"所致。我所说的"心劳"就是指为私利而终日营营，势必影响胎元。

孕期的营养卫生也应该注意，除了不吃刺激性的东西外，饮食的营养一定要合理。孕期是两个生命在消耗营养物质，尤其是胎儿的发育需要多种营养，所以营养的消耗量相应增大，不然胎儿发育不好，形成先天不足，造成终生憾事。但是，也不可无选择地把各种营养品一起用上，这样会起到相反的作用。孕妇体形肥胖，平素白带较多者，宜少吃水果，以免孩子将来胃凉，稍微饮食不慎，不吐则泻。有的婴儿常年流口水，就是过食水果、生冷，两湿相合伤及中阳的表现。孕妇平素热重者，饮食应偏于清凉，可以经常吃适量新鲜水果，不仅不伤胎，还能有助胎元。为防止将来小孩生疮，孕妇平素适量吃点苦瓜最好，因为苦瓜虽苦，却非大苦大寒之品，乃苦中有甘，不伤胃气。历代各家所列的饮食宜忌多可作为参考，但不可全信，孕妇饮食总宜清淡，因淡味为五味之本，禀冲和之气。

这里主要讲节欲、宁神、饮食与胎元的关系，不独妇女注意，就是男子也应注意。人们往往只注意了饮食、药饵，忽略了上述几个方面，殊不知却是忽略了最重要的方面。

6. 论"保胃气"诸法

谈到保胃气，人们往往一下就考虑到砂仁、豆蔻、姜黄、白术。若是湿困中阳，胃气升降受阻，用砂仁、豆蔻、姜黄、白术助阳气以加强升降之机亦不是不可，但胃阴受损者用之则反伤胃气，因为此时需助津液以保气化，用辛温则适得其反，叶天士多用甘寒益胃阴。对于余热未尽而胃阴又伤者，当宗《伤寒论》竹叶石膏汤法。记得我在成都行医时，曾治两例麻疹后阴伤的小孩，一例患儿素体阳盛，一例系常人体质。阳盛患儿麻疹后干咳不止，不思饮食，解黑色溏粪，极臭，舌质红而无苔，用竹叶石膏汤加芦根、黄连小剂量进。每剂生石膏最多不超过 15 克，黄连不超过 2 克，进退五剂，患儿能进饮食，大便转正常，又两剂后饮食基本正常，停药调理而愈。另一患儿则见低热，鼻中流浅红色血水，不食，舌红无苔，嘱用冬桑叶、白茅根煎汤代茶频饮，症状逐日减轻，七日后接近正常。两例患儿皆系麻疹后阴伤不思食，热重者甘寒佐苦寒为治；热轻者纯用甘寒，频饮代茶，使其水津四布而不至形成停饮，起到开胃进食的作用，这是生津以益气。与此同时，有一业余中医爱好者的两个孩子亦出麻疹，麻疹后低热不退，不思饮食。他用苦寒清热法无效，以为是真阳外越，决定采用引火归元法，一日之内两个小孩相继殒亡。此人大哭说："医书误我！"其实医书何尝误他，错在不知辨证，张冠李戴而自误。麻疹后伤阴，苦寒本非所宜，又用桂、附温阳，何异抱薪救火。

还有热结阳明，用苦寒急下存阴，亦是保胃气的法则之一。《伤寒论》《温病条辨》《温热经纬》言之最详，这里就不再冗述了。四十多年前，梓潼黄某，胸闷脘胀半月余，用砂仁、豆蔻、山楂、神曲等消导，人参、白术等温补，迭连无效，连夜派人至成都接我回梓潼救治，到后方知郭先生已先我一日而到，并处小承气汤。富贵之家畏硝黄如虎狼，迟疑不敢服药，要我决断。我见其舌苔黄厚，脉虽沉但有力，知系平日营养过丰，膏粱厚味蕴郁化热，积于肠胃所致，理应涤荡。力主照郭先生方服用。黄某犹豫之后，勉进半茶杯，半日后腹中转矢，又进半杯，解下黑色稠粪少许，味极臭，胸脘顿觉豁然，纳谷知香。事后黄某问："何以消导不效，非用攻下不可？"我说："病重药轻如隔靴搔痒，只能养患耳。"《徐洄溪医案》中杨某外感停饮案，与此大致相同。这是内伤病，热积肠胃用苦寒通降，保胃气之通畅，《内经》的"六腑者，传化物而不藏"，后世的"六腑以通为用"即是此意，不过使用此法一定要中病即止，切勿太过。

中阳不足，用温补法人所共知，不过在使用时应分清究竟是外邪所伤，还是内伤劳倦，还是禀赋不足。若伤于寒湿，则应以辛热温散为主，重在祛邪；若系劳倦内伤、禀赋不足，则应以甘温为主，重在温补。何以辨别呢？伤于寒湿多与季节、环境有关，发病急骤，不但厌食而且脘腹闷满胀痛，脉多沉紧有力，苔多白厚，舌质改变不大。若劳倦内伤、禀赋不足而致中阳虚者，以满闷居多，不但苔白，舌质亦淡，脉多虚无力，这类患者即或舌上夹黄苔或薄白苔也概以温中为主治疗，当然也应细辨有无虚中夹实之象。

饮食适度，是保胃气的一个重要方面。很多人片面理解食物的营养价值，认为什么食物的营养价值高就多吃一些，身体就会好，结果饮食无度反伤胃气。同道某君的女儿，经常腹泻，胃纳欠佳，面色不华，反复检查也无结果，求治于我，我用温中健脾药治疗亦无甚进展，舌上白腻苔始终不退。于是留心观察，发现患儿饭后总要拿苹果或梨吃，据说饭后吃水果可以帮助消化，由此方知此儿乃过食生冷，中阳受损所致。劝其改掉饭后吃水果的习惯，七天后果见好转，一月后与常人无异，其间偶尔进药一剂立见效果。另有一处于恢复期的肝炎患儿，家长偏执高糖、高蛋白之说，每天鸡蛋三至五个，牛奶半斤至一斤，高级奶糖不断。休息治疗三个月后，患儿始终腹胀，精神欠佳，嗳气，偶尔腹泻呕吐，口臭，舌苔黄而厚腻，特别突出的是厌食，每餐都在家长威逼之下勉强进食。我劝家长减食，若吃鸡蛋，则每天一个，停牛奶，如患儿不想食，干脆听其自然，并处以加味保和丸服用。如此三日后，患儿食量渐增，七八日后呕、胀、泻俱好转，一月后完全正常。不但小孩如此，成人也是如此。1957年，一患者脑炎后期消化不好，频频反胃腹泻，治不奏效。患者舌苔极其秽腻，通过询问，才知牛奶、鸡蛋等高营养物日进五餐，于是建议改四餐，患者欣然同意，并说："我早就想减少了，吃后心中实在难受！"旋即又改为三餐，患者呕逆大大减少，稍用药物调整即愈。这就是古人所说的宿食未去，新谷又增，胃气很难正常运化。《伤寒论》中有"患者脉已解，而日暮微烦，以病新差，人强与谷，脾胃气尚弱，不能消谷，故令微烦，损谷则愈"的说法。这十分清楚地说明，在胃气不强的情况下，损谷是保胃气的最好方法，而节食则是损谷的最好办法，适当减少食量，使胃气运转游刃有余，方能"以通为用"。

除了上述各方面，注意六淫、七情亦是保胃气所不可忽略的重要因素。六淫之邪尚可用药物治疗，七情则药物难于见功。七情伤人必见心胸、胁胁满闷，不思饮食，即使是平日胃气很强的人，一旦经受精神刺激，马上就消化锐减，逍遥散调和肝脾也好，保和丸消导也好，都很难收效。此时宜细心体察原因，用言语开导，方为正治。如能设法遂患者之情志，让患者移情易性，病也就易治，不然纵用千般药饵，也是劳而无功。

7. 谈治学方法

学习要靠自己，一是认真读书，一是认真临床，二者不可偏废。读书可以在我这里，临证就不必了，这里高干诊室病人太少，实践机会不多。至于灵活，可参考现代的杂志，其中有些文章真不错，不要小看有些文章是公社医院医生所写，他们水平并不低。又如何廉臣所辑《全国名医验案类编》中关于八大传染病的病案，有些治案就比我的灵活。

读仲景书一定要认真，张仲景的特点是实在，没有废话，是什么病证，就用什么药。后人的书好处是详，可惜的是往往把医学道理当文章来做，动辄千万言，缺乏实在。

不要好读书而不求甚解，要不懂多问。我在成都时，曾向教伤寒多年的教师请教，"太阳病，下之后其气上冲者，可与桂枝汤。若不上冲者，不得与之"句中，这个气上冲到底是啥样子？教师一时穷于应付。后来我在临床时又细细询问患有这种病的患者，有的患者说："我觉得突然间一股气往上冲。"有的又说："感觉轰的一下，一股气往上走，内外都感到不舒服。"就这样，凡是不懂的切不要不懂装懂。

如妇人患奔豚，冲至咽嗌，一医者竟云不治而死。某君慨然谓之曰："何不用桂枝加桂也？"余劝其细读《伤寒论》《金匮要略》。尔后见吾乃曰："原来桂枝加桂是治欲作奔豚，已作奔豚则应服奔豚汤泻其肝也。"余欣然称是，可谓善读书者也。

8. 治病务先治其心

有患者求我诊治曰："我神经衰弱，心脏亦有病，请开人参一两。"我只诊其病而弗听其说，诊其脉，沉而且弦，笑曰："君堂堂男子，竟是妇人之恙。"其人怫然曰："为何？"余告曰："妇人多郁怒，君亦多气，是故言之。"与疏肝和胃之剂，越日复诊，已见应效。询知此人与其妻不睦，同床异梦，视为路人。其人感慨言之曰："先生何料事如神也。"我对其诚恳告之曰："情志之病，药石不能为功，君当精神愉快，夫妇和睦，则不必服药。"彼乃欣然归去，以后果与妻和好。越年，病遂告愈，夫妇登门拜谢，不胜欣喜。看来医生治病，务先治其心。

9. 疫痉证治概要

疫痉好发于冬末春初，起病多有头痛项强，甚者迅急出现项背拘急、角弓反张、神昏厥逆。以病因论属疫疠之气为祟，以症状论属痉病的范畴。有谓"无湿不成痉"之说，是根据病机十九条中"诸痉项强，皆属于湿"的精神而来的，此说尚有可商之处。

本病初起，大多为内外合病，从病变部位讲，多在太阳、阳明。病轻者不闭厥，虽有三阳并病亦易治；若内外俱病，出现三焦逆乱，营卫不通，甚至六经症状皆见，厥逆抽风者，治之甚难。倘正气素盛，津液素足，治之得法，三焦得和，营卫得通，闭厥解除，即可转危为安；若治之不得法，内闭外脱，死亡最速，而最棘手者，莫过于内闭外脱。宗历代先哲之法，结合自己数十年的临床心得，将此病大致分为三型：极重型、重型、一般型。

（1）极重型

此病多见于小孩，因小孩为稚阴稚阳之体，加之生活不能自理，内易停食，外易感邪，容易给病邪可乘之机。

临床表现为发病急骤，初起即见高热、头痛、项背强、四肢麻、烦躁、呕吐或下利、肢厥、抽搐、昏迷等现象。此为表里同病，古人以"奔马""闪电"名之，乃形容其病势之急骤，危害之剧烈。

此时当急用刮痧法，用碗口稍沾清油，从上至下自风池、风府刮至骶骨两旁，以疏通太阳经。此经脉纵贯一身，为一身之藩篱，此脉通畅与否，关系到一身之气血周流，不但对治疗外感热病至为重要，即使治疗内伤诸病亦不可轻忽。另从手弯、腿弯刮痧，以疏通厥阴、太阴。刮时必轻，勿破伤皮肤，以刮现出紫红点为度。或用针消毒后，浅刺少商、中冲或十宣穴，令出恶血少许。刺前先用手从臂上向下推至指头数遍，后用麻绳扎住第二指节，即可刺，出血后立即去掉麻绳，昏厥可兼刺人中，不宜出血，或掐人中即可。以上系开闭之法，凡属闭证皆可使用。无论何种外感热病闭证，开闭极为重要，若忽略开闭，表里不通，营卫不畅，邪无出路最易形成内闭外脱之险证。

治疗时先别阴阳，如面青、唇淡、舌不赤、苔不黄、目不赤、气不粗、烦躁不甚、神昏厥逆、扪之胸腹不热，急用苏合香丸研末，开水化后灌服，得吐更好。牙关紧闭者，开关散可以使用，外揉颊车以助口开。寒闭不能与寒证等同，如确系阴证，烦躁肢厥、呕吐甚、脉沉微，属厥阴、阳明合病，急则治标，吴茱萸汤可用。待吐止厥回，再随症治之，此为救急权变之法。又有寒闭开后见头痛身热、无汗烦躁诸热象者，此系寒热混杂，可用小剂双解散加葱白少许（约三寸），生姜二片，水煎服。若苔黄，舌干，烦躁无汗，里证重，表证轻者，三黄石膏汤亦可选用。若表证重，里证不多，只见烦躁无汗，腹不硬满者，亦可用大青龙小剂服。若开闭得法，病势随减，则易于救治。

属阳证者，见厥逆，抽风，烦躁，神昏，腹部扪之必热，腹中必满硬，二便不利或大便溏而极其恶臭，面色红，目赤，唇干燥，舌赤苔黄，气粗恶热，虽有肢冷、呕逆，不可用温燥辛烈之品，宜用凉开，如至宝丹、紫雪丹、安宫牛黄丸等均可选用。喉间痰盛者酌加玉枢丹，开闭之后，可用杨氏增损双解散加减使用。抽搐甚者如羚羊钩藤汤。大凡用增损双解散，必酌情加减，如抽搐甚者加钩藤、羚羊角、葛根，口干加花粉等。如叶天士所说"不可认板法"，既要掌握规律，又要结合变化。

疫痉闭证虽有寒热之分，但毕竟热者多寒者少，病势减退后，则以调和胃气为本，不拘阴阳两证，到后期皆需调和胃气。叶天士曾有面色白者，清热至十分之六七即不可过于寒凉，恐欲成功而反弃；面色苍者，须要顾其津液，清凉到十分之六七往往热减身寒者，不可就云虚寒而投补剂，恐炉烟虽熄灰中有火也。这一论述十分正确，由于患者禀赋各异，故而治疗亦异，这一点一定要细心揣摩。不过，上文中所谓"白"应是"白而肥者"，"苍"应是"苍而瘦者"，仅一"白""苍"字似嫌不够明白。白而肥者多湿甚，苍而瘦者多津亏。这段论述不仅在一般湿热的治疗上有指导意义，就是在杂病的治疗中也极有参考价值。

调胃之法，不可急于用白术、砂仁、豆蔻等辛温香燥药，免伤胃津，以致长时间低热不退，津液难复。温病后期复津液即是复正气，保胃津即是保胃气。要注意勿将津和液混为一谈，津是液在气化下的产物，标志着液存而气化正常，故胃津存即是脾胃升降正常的表现。二者功能正常，则水谷之气不衰，余邪自然易退，否则往往流连难愈。

调胃宜以沙参、玉竹、山药、扁豆、五味、麦冬、石斛、谷芽、麦芽等甘淡之品为主，佐以少许陈皮；若大便干加火麻仁、蜂蜜；口渴甚加天花粉、知母；腹胀少加枳壳、郁金；反胃呕清，可酌用半夏、生姜；若邪去津伤，无他症者，以鲜葡萄、樱桃、枇杷、蔗浆、梨汁、西瓜等水果，少少与之，既不伤阳，亦无滋腻之患。其奇妙组合，诚为人工组合所远远不及，造物之灵可见一斑，若天寒地冻无此物者，我在梓潼时常嘱病家用菠菜熬稀粥，亦不失为热病后养胃阴之佳品。

（2）重型

症见发热头痛，项背强，或有肢厥而昏迷抽搐。此型治疗亦以祛邪为主，重在太阳、阳明，因一主表、一主里耳。先辨表里寒热轻重，一般酌用河间双解散或增损双解散两解表里，病势必衰，随症施治法如上述。

（3）一般型

症见发热、头痛俱不甚，无肢厥，间或呕吐下利，以逐秽解毒清热为主治，可用藿香正气散或香苏饮加味，解三阳经之表；若无汗，身痛甚，口不甚渴，苔薄白者，亦可用十神汤或苏羌发表汤，此系表寒重者；若兼心烦甚者，加用栀子豉汤，呕吐加生姜；表闭夹热者亦可选用葳蕤汤。

更有轻者，其治法与一般感冒大致相同，偏寒者用人参败毒散、加味香苏饮灵活加减；偏热者可用葳蕤汤加减，或银翘散加僵蚕、蝉蜕等；夹食滞者加神曲、谷芽、麦芽；有气滞者加香附、大腹皮或厚朴、枳壳少许。

极重型与重型的治疗重点在于祛邪开闭，尤其对于极重型，开邪气之出路至关重要，切勿一见高热则轻率地投以苦寒重剂，那样更易病伏邪气，邪无出路，必致病邪加重，甚至内闭外脱。又祛邪一定要参合化浊，因为此病并非单属热邪或寒邪，往往夹秽浊之气，化浊逐秽是治疗中的关键，邪退之后要处处注意胃气。

这是我综合各温病学派，结合我数十年的临床心得之概要，临床中应对具体情况灵活化裁使用，不可胶柱鼓瑟。

（4）附方

增损双解散：

　　白僵蚕9克，蝉蜕12枚，姜黄2克，防风3克，薄荷3克，荆芥穗3克，当归3克，白芍3克，连翘3克，黄芩6克，桔梗6克，生石膏18克，滑石9克，甘草3克，大黄（酒浸）6克，芒硝6克。水煎去渣，冲芒硝，入蜜三匙、黄酒半杯和匀冷服。

　　按：此方可不入蜜酒。

10. 谈肺窍不利诸症

　　感冒的主要症状之一就是鼻塞、流清涕（症见鼻塞、流清涕者不一定是感冒）。若起病即清涕不断、鼻塞、喷嚏、头昏、头身痛，病在肺表，若治得法，可一解而愈，《内经》中"善治者，治皮毛"就是此意。

　　如服解表药三五日后，头身等外症已解，而鼻塞、流清涕甚或如断线珍珠般接连不断，身软弱，稍动则自汗，稍坐则身冷，苔白，此为外感虽去，肺阳已伤，不能摄纳水液，切忌再表，可休息数日而愈。亦可稍用温摄，如玉屏风散、补中益气汤稍佐粟壳，恶寒甚者可酌加附子。外用生姜烧热后擦肺俞、太阳、风池、风府等穴，再用葱白捣烂，炒热熨帖，此法对于外感寒邪初期用之亦佳。

　　如药后三五日或五七日，外症已解，鼻孔一侧不通，鼻孔与喉头微红微痛，此为余邪化热，可用冰硼散吹喉，或用黄连、青黛研为极细末吹喉，吹药后患者须仰卧一段时间，使药力长时间作用于喉部，并用桔梗10克，射干、牛蒡子、黄芩各6克，马勃、葛根各3克，甘草1.5克煎服。口渴，舌质红者可少佐知母、地骨皮。气虚脾弱者牛蒡子当慎用，以免造成腹泻。方内葛根系升腾阳明之药，量勿过重，此为反佐之法，与半夏佐治白喉，在黄连解毒汤内加附子用意相似。

　　如外症已解，仅有咽痛鼻塞，且位于同一侧发作，堵塞的一侧鼻孔内清涕甚多，时而又转为淡黄较稠之涕，多系余热未尽。如将息得宜，可不药而愈。也有阳旺之人，清涕可转黄稠，最后燥结而愈，如有阳复太过而化火者，可佐用前方。

　　如外症解后，早晨感到鼻塞，有清涕或黄涕，至下午鼻孔略通，但咽喉甚至胸部有如毛发刺激感，晚上症状加重，熟睡一觉，第二天早晨咽喉、胸部刺激感又消失，仅有鼻塞、流黄涕或清涕。这是邪退正衰，邪正缠绵相持之故。此时千万不可再用苦寒清里或发散解表，若用之则伤正气，使邪乘虚而入，反使鼻塞加重，即使鼻塞的症状解除，也会复加其他病症。这就是所谓"开门揖盗"。这种稍劳则邪气进、保养则邪气退的情况，往往要持续四五天至七天之久，因此这段时间不要让阳气外泄，不宜讲话过多，以免损耗肺气。

还有一种头痛、鼻塞，鼻涕极黄臭，轻者为鼻渊，重者为脑漏。此病多为肺胃积热，堵塞络道所致，可用苍耳 10 克，辛夷、白芷、藿香各 6 克，川芎、藁本、桔梗、连翘各 3 克，细辛、甘草各 1.5 克，枯苓 4.5 克，生石膏 12 克治之。热重者加猪胆汁或丝瓜络。若热瘀互结，可酌加凉血化瘀药。此方最好作水丸，每餐后服 1.5 ~ 3 克，切忌加大剂量，因苦寒太过，中阳受损，徒伤正气，无助于治疗。同时要忌烟酒及煎炒等辛辣厚味。

在冬季或冬春之交，气候寒冷，若出现单侧鼻塞，或略有清涕或黄涕，稍微活动或饮热汤或吃热食，鼻塞、清涕立愈，呼吸通畅如常，稍冷或饭后又鼻塞如故。此非感冒，实为阳气不足以抗外寒，可酌加衣服以助阳气，可自行好转。亦有整个冬天皆如此，吃药无效，待春天气温和即自行恢复者。总之，不宜用药强发其表，轻者尚可无害，重则大伤表卫，以至玄府不闭，失去开阖之能，稍动则大汗淋漓，阳气与津液并泄，略感风寒则直入经络，甚或脏腑。《灵枢·本神》谓"肺气虚，则鼻塞不利气少"即有这种含义。所以千万不要"实实""虚虚"，人为地造成"短气不足以息""漏汗不止"的变证。或有人问："我在天气转冷时感到鼻子塞着不舒服，加了件衣服鼻子就通了，呼吸自如，若是我索性脱一件衣服还是呼吸通畅，这是什么道理？"前者是人体得衣后，起到了保养阳气的作用，正胜邪。后者是阳气不能与寒邪相争，弃关退守，是邪胜正，此时往往伴有喉头如毛发刺激感，人多不自知，实则已有病邪潜伏待机而发。1964 年孟春，某人劳力四天，出现鼻微塞，无其他不适。此人体本弱，劳力之后阳气略泄，而玄府稍闭，此时如能节劳一段时间，阳气来复，可不药而愈。惜乎不自养，反而用苍耳、荆芥、辛夷、细辛等药发之，三剂后谓病重药轻，用大剂麻黄附子细辛汤强发之，当夜汗出如洗。正当汗出之际，鼻孔顿通，呼吸如常，心中十分高兴，以为药达病所，谁知尚未到天明，两只鼻孔其塞如堵，只能依靠口腔呼吸，口干，舌燥，苦不堪言，而且头昏不举，耳如蝉鸣，不思饮食，每到下午手脚心热如灼。此系不当汗而强汗之，汗之又不得其法。《伤寒论》中明文告诫："汗出不可令如水淋漓，如水淋漓，病必不除。"这一"必"字分量极重，惜乎学者未细心领会。此等发汗使阳气与津液大受损伤，以致出现上述诸症。幸后治者先用童便调鸡子黄养阴退热，继用小剂加味四君子汤复其阳，调治半月，精神逐渐好转，鼻孔能通一侧，调养月余始康复。

11. 谈用中药不能离开中医理论

一妇人贫血，医予当归、丹参、白芍、熟地、龟胶、鹿角胶、枸杞、猪骨髓、山茱萸等一味蛮补，历时数周，红细胞未见增长，乃就诊于我。我阅过原方，细观神色，切过脉后，问曰："胀乎？"答曰："胀，不思食，食亦不化。"我即处以理中汤，用羊排骨四两，熬汤煎药。两剂后患者饮食大增，两月后显著收效，后以异功散、六君子汤调理而瘥。

有问何以贫血用补血药不效，而用理中效？盖脾胃为生化之源，《内经》谓："中焦受气取汁，变化而赤，是谓血。"舍气而补血，反碍生化之源，甚则腹胀纳呆，此证是矣。中医讲究气。

12. 谈方剂中的药物剂量

太阳病本寒而标热，故用辛温解表治之，力求其本也。然麻黄汤之汗必溱溱如虫行为合拍，若大汗淋漓，是为误治。中医研究院一老太太患伤寒太阳表实证，曾用麻黄汤不解而问于我，曰："是否分量太轻，亦或未如您老之喜用葱白耶？"

余曰："葱白固发表通阳之良药，但症结不在此。你方中用甘草几何？"答曰："二钱。"余曰："得之矣，如何得汗？麻黄、甘草相去无几，必不得汗。"乃减甘草量，麻黄二钱，杏仁二钱，桂枝二钱，甘草五分，一剂即得微汗而愈。

平素学习方剂，往往只记药，草草读过，不研究其分量，实乃不善读书者也。日人云："汉方之秘在于剂量。"此当为研究中医之金针也。

13. 谈方之"王道"与"霸道"

治外感方如大将，消灭入侵之敌；治内伤方如丞相，治理国家。这是人们对方药性能的比喻之谈。外感多为六淫犯人，其来急，其变速，其证险，尤其是温病。这就要求在短时间内克敌制胜，故用方多猛，犹如行军打仗一般，争分夺秒。内伤多为七情所伤，饥饱劳役，日积月累，正气日渐削夺，人多不觉，或虽有感觉，但因影响不大而忽略。这样由功能及脏器，病已形成才引起注意，由于其来渐，其势缓，其伤深，在治疗时要想急切见功，如奔跑太快必致颠仆，且骤病易起，渐衰难复。因此这类方药，疗效相对显得缓慢。人们鉴于两类方药的性能不同，常称前者为"霸道"之方，后者为"王道"之方。

长于治外感病者，崇"霸道"方而贬"王道"方，认为"王道"方如隔靴搔痒，不能治病，可有可无；长于治内伤者认为"霸道"方最伤正气，稍有过用，往往使病者愈治愈坏，甚至成为坏病。

"霸道"方长于攻逐，其力猛，往往一看到某个症状明显消失，就易被认为"有效"。"王道"方多用于扶正，其效缓，因气血之生长本身就缓慢，易被误认为"无效"。

其实两者各有千秋，要点在于用方之准确灵活。有一鼓胀病患者曾自述，初胀之时如槟榔、木香、牵牛子之类一服即消，继服效果逐渐减小。更医求治，谓过用攻伐，中气不能转输，改用香砂六君子汤，初服三剂，似有效又似无效，又服三剂觉精神好转，胀也有所减轻，以后消消补补，终收全功。在治疗中患者也曾性急，嫌进展太慢，又求医改用攻逐药，两剂后几乎腹胀如故，惊骇之下才不敢再自作聪明。

非"霸道"方不足以祛邪，非"王道"方难以扶正，两者不可偏废。古人有比喻"王道"方为"君子"，所谓不求功而有功，不言德而有德，犹如"无名英雄"，其功妙在潜移默化之中。二者或分用，或合用，如十枣汤中甘遂与大枣同用，皂荚丸中之枣膏送服，保和丸之加白术为大安丸，用之得当皆有妙用。

叶天士治疗虚损久疾，强调"王道无近功，多服自有益"。我早年读此体会不深，中年对此略有体会，晚年始领会深切。久病正衰，当以"王道"方为主，多服自有益，不可操之过急，欲速则不达。惜乎有的病家只图一时之快，有的医家着眼于急功近利，对于慢性虚损之疾而行"霸道"方极为有害。临床上因"霸道"方攻伐太过，加重病情者并非罕见。上工治病，不仅要治病，更要治心，千方百计嘱患者耐心治疗，才是好的医生。此点孙思邈在《大医精诚》中言之颇详，是医之道德也。

14. 谈脉之常变及诊脉的价值

1963年在京同先父蒲辅周出诊。诊张老之脉，六脉皆大。先父说："张老禀赋素厚，不能以火看待，这是六阳脉，还有一种六脉沉细如丝，亦不为病者，名六阴脉。我的脉也经常结代，仍然活了这么多年。"一女学生，一日为先父诊脉，先喜形于色，继则整眉不语。先父笑问曰："何如？"良久，始告曰："我知之而不敢言。"先父曰："何也？"答曰："四至一歇。"先父微笑曰："汝有功夫。歇止脉危，是否三四动止应六七？六七日后尔当再来。"后果来，讶其如初，问其故？先父曰："我有此脉久矣，岂可一见歇止脉即断为不治，须脉证合参。"先父在四川、北京都曾见过六脉俱浮，但从容和缓者，皆活了九十多岁。还曾见过一女同志脉细，沉取始见，但六部匀平，也长寿。所以无病之脉亦可见浮或沉。如五部脉皆虚，一部脉独实，其病为实；反之，五部脉皆实，一部脉独虚者，其病为虚。可见持脉应知常达变。

《金匮要略》云："男子平人，脉大为劳，极虚亦为劳。"所谓大，是大而无力或无柔和感，心脏有病者多见此脉。中医所称痰湿体形多见脉沉细或大而鼓指，皆为气血紊乱所致。临证一定要四诊合参，切不可执一。罗天益云"医之病，病在不思"，确为名言。

"不知其常，焉知其变。"惜乎中医典籍中言变甚多，言常甚少，蒲辅周结合实例，不仅指出六阳脉、六阴脉是其常，就是结代脉亦有正常人出现。六脉皆浮，六脉皆沉，只要和缓匀平者，均属正常。临证时细心观察其常与变，认真总结，可补典籍之不足。

先父为海内名医，尚且不单凭脉断病。遗憾的是现在有些医生自恃高明，只凭三个指头切脉，便可洞察一切，真可谓"不用病家开口，便知病情根由"，其实这纯属江湖之术。《内经》早就指出要四诊合参，不可执一，如《素问·脉要精微论》说："切脉动静，而视精明，察五色，观五脏有余不足、六腑强弱、形之盛衰，以此参伍，决死生之分。"这不是明确提出不能单凭切脉断病吗？先父曾严肃地批评这种医生"自恃高明，闭目塞听，单凭切脉诊病，哗众取宠，缺乏实事求是、认真负责的科学精神，不是全心全意为人民服务的态度"。同时也指出，"少数患者看病，只伸手臂考验医生三个指头，不叙病之根由、病情变化等，实为自误"。这些苦口婆心的金玉良言，医者均当引以为戒。

15. 谈寒热并用

治病之道，审病求因，寒者热之，热者寒之，实者泻之，虚者补之，使归于平而已。处方驳杂，皆因不肯在临证用功，粗工也。

某君曾治一喘证，寒药热药各七味，我诘问之："寒喘耶？热喘耶？抑或寒热夹杂之喘耶？"寒热夹杂，虚实互见，固然可寒热并用，补泻兼施，但必须分清主次。

蒲志孝按： 寒热并药之方，古虽有之，但总有主次，绝不是半斤八两。药乃补偏救弊之剂，是以性味之偏调整其人阴阳之偏。若以其平而治不平，结果仍为不平，其病焉能治愈，故俗话说："用药不投方，哪怕用船装。"

16. 谈心悸、怔忡之治验

客有问及余者，心脏病可治乎？余曰："中医无心脏病之名，而有心病之称。若是心悸、怔忡，治愈者亦不少。"一高干，心悸无休时，脉搏每分钟160余次，西医诊治无效，乃去上海求专家会诊，亦不获效。后邀余诊治，诊其脉，尺部数大，乃断为相火上炎，冲滞胞络，而致心悸昏蒙，予清相火涤痰热之方而安。

刘建按： 蒲辅周曾对薛伯寿等谈到心动过速、心律不齐的辨证论治问题。蒲辅周说："这两种病和中医学的心悸、怔忡有关，须分虚、实、痰、火四型。虚者面㿠白少神，气短，声音低，呼吸无力，汗出，舌淡苔白，脉细无力，治宜独参汤、人参养荣汤。实者面赤，心烦，声音急促，或汗出饮凉，舌红苔黄，脉细数有力，治宜小陷胸汤、竹叶石膏汤。痰者面微发黄，目下色黯，呼吸不和，胸闷憋气，舌苔白滑，脉沉滑，治宜六君子汤加干姜、细辛、五味子，或苏子降气汤。火者面赤，心烦，小便黄，舌红苔黄，脉滑数，治宜朱砂安神丸或温胆汤加黄连、栀子。此案系相火上炎夹痰阻滞胞络之心悸昏蒙，故用清相火涤痰热之方（可能是用朱丹溪的大补阴丸合黄连温胆汤加菖蒲之类）。

17. 谈肝炎的治疗

肝炎的治疗以调理肝脾为主，不可滥用苦寒，否则中土日戕，是令其速死也；但亦不可滥补，有用黄芪补至肿胀终致不救者，盖未通调理肝脾之理耳。

又此病可多服大枣，大枣即脾之谷也，服之反不致胀，何也？胀有虚实之分，虚胀即可服之。又肝主疏泄，夫病大便不通者，调肝即可，慎勿妄施攻下。

蒲志孝按： 某些医者一见肝炎，不分虚实，动辄便用板蓝根、大青叶、茵陈、栀子等苦寒之剂，谓其能抗肝炎病毒。每见愈抗病毒，肝功愈坏而病情愈加重。蒲辅周指出，应以调理肝脾为主，确系经验之谈。我们对慢性肝炎的治疗，常宗蒲辅周之法多可获效。

即使是急性肝炎亦不得滥用苦寒伤脾败胃，否则促使疾病转为慢性肝炎。蒲辅周之论，真金玉良言也。

18. 四逆散治便秘

曾治一女性便秘，西医诊断为肠麻痹，断为不治，我本《内经》"肝主疏泄、脾主运化"之旨，用四逆散加白术、泽泻两调肝脾。一个月后患者痊愈。

蒲志孝按：四逆散主治便秘，真闻所未闻也，而蒲辅周用以治肠麻痹之便秘，竟获殊功，非学深识卓，焉能致此！四逆散出自《伤寒论·辨厥阴病脉证并治》318条："少阴病，四逆，其人或咳，或悸，或小便不利，或腹中痛，或泄利下重者，四逆散主之。"原文并未有"便秘"一症，只有"泄利下重"的症状。为何蒲辅周选用此方呢？因该方有疏肝解郁、调和气机之功，而该患者之便秘又属肝郁脾滞、气机不畅所致，方证相符，故获捷效。可见，蒲辅周读古人书不泥古，而是领会其精神，掌握其精髓，然后灵活应用于临床。这是值得我们师法的。

19. 谈麻黄附子甘草汤治肾炎

肾炎，西医病名也。某医师有一亲属来研究院就诊，曾服五皮饮、肾气丸等乏效。查尿中仍然有红细胞、白蛋白，身肿如故，乃延我就诊。据其人背寒股冷，乃书麻黄附子甘草汤，服数剂水肿显著减退，不治血而自止。治病重在具体情况具体分析，必须抓主要矛盾，主要矛盾解决了，其他矛盾也就迎刃而解。此病须严格忌盐，可多吃豆类（三豆汤）、大枣等。

蒲志孝按：麻黄附子甘草汤见《伤寒论·辨少阴病脉证并治》302条："少阴病，得之二三日，麻黄附子甘草汤微发汗，以二三日无里证，故微发汗也。"此方是治少阴兼太阳之轻证。得之二三日者，言病已数日，正气较虚，故用附子、炙甘草扶阳补虚，且缓麻黄之峻发其汗，取微汗而解。蒲辅周用此方治肾炎水肿，虽仍本"开鬼门"之法，但却不落于俗套，而是抓住了本病少阴阳虚之本质。据薛伯寿说，蒲辅周运用本方的脉症是：脉浮沉俱细紧或沉细弦，舌淡苔白，腰背恶寒，四肢不温。其用法是：麻黄二两，附子三两，细辛二两，共为粗末，每用四钱，水煎服。现在某些医生往往一见血尿、蛋白尿，便用止血、摄蛋白之剂，获效甚少。这启示我们不要被现代的一些物理和化验检查所惑，而应着重用中医理论分析病机。只要"谨守病机，各司其属"，一切问题就可迎刃而解。

20. 谈五味子治神经衰弱

有神经衰弱患者，又兼高血压，习以五味子一味大剂服之，初尚有效，后则无功。余尝曰：此药岂可久服，酸收敛甚，必成癥。已而果然，急延诊，乃用五苓散加通草而愈。

凡有病失眠来求诊者，某君即处以龙骨、牡蛎、枣仁、枣皮等安神、养肝肾类药物。余问曰：为何用此药耶？彼答曰：虚也。余看过不少失眠患者，并无明显虚象，甚至有属实者。胃中不和，忧思伤脾，皆足以导致不眠，何得一见失眠即安神、滋补？治病之要，贵在临证布思，方不致落于俗套。

蒲志孝按： 蒲辅周治病，一贯主张辨证施治。单用五味子治神经衰弱对于阴虚患者或许有效，但单味药久服，失去制约，难免无副作用。关于蒲辅周对神经衰弱的治疗，薛伯寿等曾选两案。一案是失眠、耳鸣、纳差，脉证属阴虚脾弱、肝脾失调，用四君子汤加养肝之品以肝脾合治；一案是头痛、心烦、舌红、脉弦数有力，属肝胆火盛，故仿龙胆泻肝汤之义，泻肝清热，兼养肝阴。可见证分虚实，治有补泻。对于症情复杂多变者，单靠一味药，岂能获长久之效！

21. 谈巴豆中毒之解救

巴豆，峻猛之药也，我尝谓治"冷寒积久"非此斩关夺将之药不可奏功。用之得当，效如桴鼓，然用法用量均宜万分谨慎。某君曾治一高干子弟，用巴豆霜一钱，两次分服，一服即吐泻交作，人渐脱形。余曰："一分犹嫌其多，何鲁莽之甚也。"急用大半夏汤以安脾胃，继以异功散调理数月始见康复。

蒲志孝按： 剧毒药物，剂量应严加掌握，用时不仅要看到邪实的一面，还应详察患者的体质。体质弱，正气虚，虽邪实盛，亦不可妄用。某君的教训值得记取。

22. 谈泡参可代人参、党参

党参即上党人参也，大约唐以前人参皆指党参而言。我尝说："家乡梓潼所产的泡参亦不错，虽味淡力薄，大剂亦可代之。"

我早年业医蓉城时，每用泡参代人参。盖泡参形同人参，甘淡补气，补虚而不恋邪，价廉而物美。有一崩漏患者，我在救阳固脱方中即重用泡参一两代人参，而获全功。望勿以力薄不堪重任目之。

蒲志孝按： 某些医生为迎合患者，便投其所好，动辄以红参、高丽参与之。蒲辅周认为泡参、人参用之不当同样可加重病情，甚至有生命危险。正如清·徐灵胎所说："人参杀人无过，大黄救人无功。"

23. 山茱萸治湿痹解

湿为阴邪，但中于人体之后亦随人之气质而变化，化热后一样要伤阴。又治湿皆属燥药，过用亦可导致伤阴，所以《神农本草经》谓："山茱萸逐寒湿痹。"以阴愈伤，液愈枯，筋愈急矣。

蒲志孝按：山茱萸，甘酸化阴，乃滋养肾肝之阴的佳品。为何《神农本草经》谓能"逐寒湿痹"呢？蒲辅周认为，寒湿痹化热伤阴或过用祛风除湿的温燥之剂伤阴，寒湿虽去，阴液已伤，筋经失濡，关节仍拘急不利，故用山茱萸滋液缓急以善其后。正如《伤寒论》用芍药甘草汤酸甘化阴，以治因发汗太过所致的"脚挛急"，其意义相同。

24. 食疗不可忽视

先父来信中说："食疗不可忽视，要注意体会研究，大有益处。"久病之人，胃气大虚，往往不胜药力，稍补则塞，稍通则伤，稍温则火亢，稍凉则阳伤，更有服药长久，胃气大损，下咽则呕，如能正确运用饮食疗法，往往可以收到单用药物难以起到的作用。

信中又谈及，1962 年，张某之母已打算后事，后采用茶叶疏通腑气，腑气通后，不服任何药，只用米粥养胃，月余后康复。又谈及有一年迈患者，热病后又生疮，长期服药，热虽退，患者烦躁、失眠、不思食、得水食则呕吐。家属认为已无生望，询问先父，先父得知患者想喝茶，即取龙井茶一撮，嘱水沸后放茶叶，煮二沸，少少与患者饮。越日，家属惊喜来云，茶刚煎好，患者闻茶香就索饮，连喝小半碗，非但未吐，反觉舒服，腹中鸣响得矢气，当晚即入睡，晨醒后知饥索食。又问需用何药？先父云："久病年高之人，服药太多，胃气大损，今胃气初苏，切不可再投药石，用稀米粥少少与之，以养胃气。"如此调理月余，精神日佳而康复。先父还解释说，彼时病者正气大亏，胃气仅存一线，虽有虚热内蕴，不可苦寒通下，若用通下，胃气立竭。茶叶微甘、微寒而兼芳香辛散之气，清热不伤阳，辛开不伤阴，芳香微甘有醒胃悦脾之妙。茶后得矢气，是脾胃气机已通；能入睡，醒后索食是阴阳和调的明证。

25. 不要认为药治万能

中医治病是用草木金石，要审慎用药，切不可乱投杂进。孙真人云："读方书三年天下无不治之病，治病三年天下无可用之方。"确系经验之谈。

1959 年冬，先父在广州从化温泉疗养，有原国家科委（现名科学技术部）某副主任患病，每天服药也不见效，先父详细问明病情，认为服药过多，气血运行失常，劝其停药。某副主任恐生不测，经先父再三解释，同意先停半天。半天后无变化，再停药一天，渐至半月。停药后，某副主任反日见清爽。对此，先父颇为感慨地说："不要认为药治万能，生活贵在起居有常、饮食有节、不妄作劳，自然疾病少生。"正确的治疗确实能起作用，但如果护理、饮食、精神、环境与病不相适应，单靠药物能起多大作用？如情志患者，单靠药物有何作用？程钟龄论逍遥散说："人不逍遥药逍遥奈何！"确系至理名言。

26. 责己误

数十年前，我业医于梓潼时，有范姓友，一日去茶肆邀我诊病，谓突发寒热。我以为小恙，无足挂齿，书麻黄汤与服。下午其子复邀诊，见其遍体大汗，面色不佳，诊脉见沉，乃骇然曰："误矣，既然脉沉，何得以麻桂辛热？此温病误表。"极力调治，数月始瘳。虽幸免于死，然已焦头烂额矣。

按：读各家医案，皆曰治好某病某证，却极少见失败之记录。蒲辅周一扫旧俗，竟向后辈大谈其失败的教训，真不愧一代名流，医中典范，不仅学识渊博，而且道德高尚。不隐瞒自己缺陷的人才是真正的伟大，而自诩一贯正确者多属井底之蛙，历史上从来就没有什么常胜将军。

三、蒲辅周与何绍奇医话四则

1968 年，何绍奇有幸在北京拜访了同乡前辈蒲辅周先生。那是一个春光明媚的上午，蒲辅周谈兴颇浓，他一边吸着叶子烟，一边与何绍奇论医。其间，有沈仲圭先生、陈鼎祺大夫来过，寒暄几句外，老少两代的谈话就没有停止过，并且都忘了窗外如火如荼的世事。蒲辅周的这次谈话，影响了何绍奇一生。何绍奇就记忆所及，追写出当年谈话的内容，浑金朴玉，以公同好，是为记。

（一）辨证论治

伤寒本寒而标热，故治用辛温，汗出热去；温病本热而标寒，故清热必兼透达。

外感病重在辨表里寒热，内伤病重在辨虚实阴阳。

张菊人先生改银翘散为银翘汤，说北方室外天寒地冻，室内却炉火不熄，如此则寒郁于外，热固于中，银翘散中辛温的荆芥、升提的桔梗皆非其宜，当去之，加黄芩、瓜蒌。蒲辅周说："此固一说也，但不可视为定例。"蒲辅周用银翘散治风温初起，无汗畏风者，怕透达之力不足，还要加葱白。葱白辛润，表解热透，汗而不伤，和麻、桂、羌、防不同。蒲辅周一般不用苦寒药，用白虎汤亦嫌早，常用鲜芦根、鲜竹叶，衄者再加白茅根，此名"三鲜汤"。

沈钧儒先生的公子，感冒发热，午后为甚，倦怠，纳少，口淡，尿少，自服银翘散，药后热不退，反增便溏。外感当分六淫，当辨何邪而区别治之。区区感冒也不是只分风寒、风热那么简单。此乃阳气不足之体，感受寒湿，湿为阴邪，治当芳香淡渗，间可用刚，凉药伤中阳，湿就更难化了。蒲辅周用平陈汤合三仁汤，两剂，即汗出、尿畅、热退。

湿温或温邪夹湿，最容易见到湿热郁遏，阳气不能通达。徒清热而热不去，湿留之故也。叶天士说通阳不在温，而在利小便，常用芦根、通草、薏米、茯苓皮、滑石、竹叶。通阳不在温，是因为湿热混在一起，热在湿中，故与杂病不同，不能用温药如桂枝、肉桂、大茴香通阳，小便利，则湿去热孤。利小便的药味淡，所以蒲辅周把它概括为"淡以通阳"四个字。

表未解，未可攻里。即使表已解，热邪入里当清，苦寒药也不要过量。阳气不足之体，宁可再剂，不用重剂，否则，热中未已，寒中又起，粗工之用药也。不能看"炎"字两个"火"，就攻其一点，不计其余。

辨证论治的真谛是什么？是"一人一方"，病同，其证也同，也未必用同样的方药，还要根据体质、时令、地域、强弱、男女而仔细斟酌，不要执死方治活人。

麻黄汤不是发汗峻剂，大青龙才是发汗峻剂，大青龙汤的麻黄是麻黄汤的一倍。石膏用量也不宜过重。药罐子有多大？那么多量怎么煎？有人动辄就用今制"半斤、一斤"。再说，是药总有利弊，不能只看到石膏清热之力，而不怕它伤阳损胃。

热邪与燥屎相合，不得已而有承气之设，仲景先生于此谆谆告诫：一服利，止后服，得下余勿服。一次会诊，一小儿食滞，发热，已经用过许多抗生素无效，不食，腹胀，但鼻准光亮，一医主张用大承气汤。蒲辅周说脾虚之质，鼻准光，必自利，不必用下，不妨消导。但他医坚持，正在讨论时，护士来报，患儿拉稀便了。

王清任一生苦苦探索医学真谛，其精神可敬。他的活血化瘀方，如血府逐瘀汤，果是气滞血瘀用之多效。但强调气血，便将七情六淫一概抹杀，就未必得当。其方有有效者，也有不效者，未如所言之神。例如说通窍活血汤可治十年、廿年紫脸印，多少服可见效，实际用之无效。

曾见有人久病恶寒，人着单，彼着夹，人着棉，彼衣裘，冬天生着火炉，犹自呼冷，此真阳虚也。可考虑用玉屏风散，加附、姜、枣，剂量不必太重，阳气复振，营卫和谐，或可见效。

有人三天两头感冒，前人称为数伤风，可用玉屏风散，营卫不调者合桂枝汤。辛温峻汗，表阳愈伤，病愈不解。苦寒则伤中阳，脾胃一倒，病变蜂起。

肾盂肾炎，临床颇常见，因其尿频、尿急，蒲辅周常用五苓散合二妙汤，加大茴香一个，琥珀五分，以解膀胱之困，肉桂只用三五分而不宜多。

（二）调养摄生

有很多病，只宜调而不宜治，与其药石杂投，损伤胃气，不如不服药。蒲辅周自己就有痰饮宿恙，多年来一直不服药，惟注意调饮食、适寒温而已，虽然衰弱，但又多延了一些岁月。

20世纪60年代初，蒲辅周在广东从化温泉疗养，有人来访。来者有多种慢性病，终年西药、中药不离口，每次吃一大把药，却日见消瘦，饮食不思，餐后还有腹胀。蒲辅周说："药石杂投，本已见弱的脾胃如何负担得起？脾胃一倒，就不好办了。"蒲辅周建议他不妨减少用药。他顾虑重重。蒲辅周让他先减一点试试。果不其然，他说药减一点，各方面的感觉反而好一点，最后甩掉了终年吃药的包袱。

希冀吃药来健康长寿，无异于痴人说梦。治病用药无非是借药性之偏，来纠正机体的阴阳之偏。从古至今，未见有吃药长寿的。

（三）辨证之要

《金匮要略》论恶阻，提到若有医治逆者，到了第三个月还呕吐不止的，则绝之。楼英说其意是摒绝医药，和之养之，以待胃气来复。古人说："有病不治，常得中医。"就是说，即使是这样仍不失为一个中等水平的医生。要是把医生分作三等，蒲辅周说自己只能算中等之中。学拳三年，敢打天下；再学三年，寸步难行。孙真人也说过：学医三年，便谓天下无可治之病；行医三年，始信世间无可用之方。罗天益说，医之病，病在不思。医生所思的，就是辨证论治，而非其他。蒲辅周坚信唯物论辩证法，不向机械唯物论投降。蒲辅周也这么教他的学生。学生们总怕蒲辅周保守，不给他们秘方、验方，蒲辅周说："我没有什么秘方、验方，我用的都是古人的方，要秘方、验方，去查书嘛，我教你们的是辨证论治。"学生们又说："辨证论治，难哪！"蒲辅周说："孙悟空七十二变，是他掌握了变的方法。不要偷懒，学嘛，没有快捷方式可走的。"

有位广东来的进修生，在门诊跟蒲辅周抄方。有一天，患者少，她说："蒲老，可不可以让我给你把个脉？"蒲辅周说："好。"诊毕，她皱着眉头，说："有结代脉。"蒲辅周说："是结脉？是代脉？"她想了一下，说："是代脉。"蒲辅周说："你不错呀，能看出来。"她说："三四动止应六七，蒲老你不会出事吧？"蒲辅周说："那你就过六七天再看。"过了六七天，她再诊蒲辅周的脉，还是那样。蒲辅周说："你看，我不是活得好好的吗？痰浊、瘀血阻滞心脉也会出现脉结代，未必就'三四动止应六七'。"

眩晕有虚有实。蒲辅周会诊过一位梅尼埃病患者，先后采用滋水平肝、息风潜阳、泻肝和胃未愈。患者脉滑，苔腻。蒲辅周认为其本属阴虚，标为痰热的辨证不错，用药则须斟酌。患者既夹痰热，便当清化热痰为主，早用滋腻会助痰热，清泻肝火亦非其治。蒲辅周建议改用温胆汤加味而愈。

子宫脱垂，古称阴挺，多由劳倦气虚不能固摄所致。蒲辅周常用补中益气汤。补中，健全脾胃；益气，增强功能。每用加鳖头一个，炙酥入煎。

（四）用药之巧

有人说，古方中用人参的，就一定要用人参，蒲辅周却说不一定。他举了一例，仲景生于汉代，那时辽东尚未开发，故白虎加人参汤、理中汤中所用的人参皆是党参。四川的泡参也很好，其色白中带黄，味甘淡，入脾肺经补气，加之其体疏松，补而不壅，补气而不留邪。若嫌力薄，可以多用点嘛。蒲辅周在成都治一血崩妇女，以补气摄血为大法，泡参用至四两而效。泡参其价甚廉，梓潼凤凰山的桔梗、长卿山的柴胡，也都是很好的药。长卿山的柴胡叫竹叶柴胡，色绿，用茎，而北柴胡用根。三物备急丸是仲景方，其功在攻下冷积而止腹痛。伤于生冷瓜果，积久不化，非一般消导药可效。有人病此，求治于某老，其用药无非楂、曲、平胃之类，服二十剂无效。此病非攻不能去其积，非温不能已其寒，蒲辅周用三物备急丸的大黄、干姜，不用巴豆，改用刚阿魏而效。巴豆猛峻，不可轻用，即使用，也要注意炮制方法——去油用渣，并严格掌握用量。蒲辅周有个学生，素来用药谨慎，一次处方开巴豆五分，患者服后即暴吐剧泻不止，所谓"一匕误投，覆水难收"。后来蒲辅周调治了许久才好。

　　对某些慢性疾病，蒲辅周推崇煮散，即把药碾成粗末、混匀，每用五六钱，水一盏，煮七八分钟，去渣，适寒温饮之，一日一两次，不伤胃气，药效易于发挥，犹如轻舟速行也。便秘勿轻言泻下。如肝失疏泄，用四逆散，气机升降复常，大便自通。脾虚运化不好，蒲辅周用甘麦大枣汤而效。或有人以为这样的治法神奇，其实不过"伏其所主，而先其所因而已"，何神奇之有！用药要丝丝入扣，不多一味无谓的药，不少一味对证的药。

　　中药丝丝入扣，不是多而杂。用药杂乱是初涉临床者的通病。原因之一是病机不明，用药不能击中要害。二是急于见功，这样就势必见一症用一药，甚至用几种药，变成了《唐书》说的"广络原野"。三是瞻前顾后，用一味热药，怕太热，加一味凉药；用一味泻药，怕有伤，加几味补药。曾有学生治一个气喘患者不效，来找蒲辅周，说是不是因为没有根据老师的经验加葱白。蒲辅周看他的处方，一味热药后跟一味凉药，下面又是一味热药，后跟一味凉药。蒲辅周就问他，这是寒喘还是热喘？他不能回答。这就是病机不明，所以用药杂乱。要是寒证，用凉药岂非雪上加霜？用药杂乱，就像打架一样，你这里一拳头打出去，他那里拉着你的手，那哪儿能打得中？蒲辅周年轻时用药也杂，后来蒲辅周读叶天士的医案，才发现叶天士用药真巧。古人说："博涉知病，多诊识脉，屡用达药。"说到达药，当然还是要向仲景先生学习，他是深知药物利弊的。如果不识药，对药物的利弊拿不准，用一味不行，就多用几味，这样能不杂乱吗？

四、回忆学习、研究体会

（一）一代宗师，热病国手

1988 年 1 月 12 日是敬爱的蒲辅周老师一百周年诞辰。我们怀着无比尊崇和钦佩的心情，纪念这位当代著名的中医学家、卓越的临床家。

蒲辅周是献身于中医事业的倡导者和力行者。他毕生勤勤恳恳，不辞辛劳，七十年如一日，把自己的全部精力奉献给广大人民。他倡导每一位中医都要重视临床，特别要重视理论指导临床。他说："内科学是临床的基础，对内科学务必精研深求，洞若犀烛，才能临危不惧，处变不惊。"所以，他处理内伤杂病，集先圣后贤之所长，以尽疾病错综复杂之用；处理外感时病，熔伤寒温病于一炉，以应证候急重迅猛之变。他晚年侧重研究老年病，在探索老年体质的特殊性、老年病证的多样性和老年用药的规律性诸方面都有独到的见解。总体来看，最根本的一点是他善于运用"辨证论治"的理论原则指导诸多病证的临床实践，做到辨证准、立法慎、选方精、用药稳，形成一种独特的理论思维和医疗风格。他认为中医药学是东方文化的结晶，有完整、系统的理论体系；强调每个中医不仅要重视理论学习，还要善于运用理论、发展理论。他说："八法是中医治疗应用的大法，是战胜各种疾病必须掌握和遵循的准则，但具体应用时还要注意分寸，才能恰到好处。"任何一种治法，当用而用之得法，自然应手取效。当用不用则为失治，不当用而用则为误治，这尚较易觉察。惟当用之不得其法，病情反而不见改善，医家病家均认为所用之法无误，终不解其何以不效。蒲辅周对《伤寒论》桂枝条下所载"温覆令一时许。遍身絷絷似有汗者益佳，不可令如水流漓，病必不除"的认识尤为深刻。有微汗似为用法恰到好处，故益佳；如水流漓为汗之太过，故不除。由此蒲辅周悟出了一个重要的道理，即汗而毋伤，进而提出善用八法者的新见解，即"汗而毋伤，下而毋损，温而毋燥，寒而毋凝，消而毋伐，补而毋滞，和而毋伤，吐而毋缓"，使八法从理论和实践运用上更臻完备。

先师蒲辅周对内、妇、儿科和老年病的诊治达到了出神入化、玄机曲运、炉火纯青的境界，尤其擅长诊治温热病，包括各种急性传染病，能收洞察毫厘、通权达变、出奇制胜的功效。回忆 20 世纪 50 年代，流行性乙型脑炎、小儿腺病毒性肺炎等急性传染病比较猖獗。蒲辅周根据温热病学的理论指导临床医疗，提高了治愈率，降低了病死率。众所周知，1955 年石家庄"乙脑"流行，按中医治疗暑温的原则，用白虎加人参汤治之，疗效很好，引起国内的广泛重视。1956 年北京地区也发生"乙脑"，采用白虎加人参汤治疗，效果并不满意，卫生部门组织以蒲辅周为首的中医专家组进行救治。蒲辅周经过临床调查分析，明确指出，并非石家庄的经验不灵，而是石家庄时值盛夏炎暑，热甚，属"暑温"为病，故白虎为特效之方；而北京则阴雨连绵，湿重，属"湿温"为病，宜通阳利湿、芳香化浊之剂，故白虎汤不中病而无效。他进一步提出治疗"乙脑"八法辨证论治的规律，从理论高度阐发中医治疗"乙脑"的学术思想。同时，对小儿腺病毒肺炎，蒲辅周在临床的基础上提出治疗四法，给广大患儿带来福音。以先师的精湛造诣，治疗温热病可以说是游刃有余，但他每于临证时，必严格根据四诊所得，从不放过细微之处。一次会诊某例乙脑患者，高热不退，面赤舌红，脉数苔黄，腹满，大便五日未行。众谓此证属阳明里热结实，当用下法。他则说未可轻易言下，今其脉虽数而两尺呈滑象，腹虽满而按之尚不坚，其便当自行。正在讨论未决时，护士报曰患者已下溏便矣，众皆叹服。在复杂的证候中，能通过注意一个"滑"字、一个"坚"字，而达到料病如神，非他人所可企及。推之在他数十年的临床生涯中，内、妇、儿科，老年病和温热病应手而愈者不可胜数，真不愧为当代中医之宗师、热病之国手。

高辉远

（二）辅周伯父百年诞

吾邑梓潼，位于川北，地近剑阁，路遥蓉城。七曲山头，号文昌之帝乡；潼江水畔，存司马之石室。长亭送险，未出达贵，华盖文风，辈育岐黄。辅周伯父，其国手也。

薛蒲两家，谊属世交，同辈以昆仲称，余事师以父执礼而呼伯父，赘敬后未更。居住为邻，谈笑之声相闻，休戚互关。吾家螽斯繁衍，自吾二伯父去疾先生辞世后，凡罹病者，咸延伯父诊视，往来增多。吾父伯衡先生与师协办"同济施医药社"后，过从甚密。余常亲德辉，多承青睐，逾于同辈。

客有自邻县来者，突失血，宾主惶然，急延师诊之。以下元虚甚，龙雷妄发，主六味合建中，然对用桂之剂量，则斟酌再三。更漏四鼓，吾父曰："天将旦，多劳兄。"师曰："医者救人，何计晨昏。"事极感人。药进疾瘳。吾母雷静宜女士赞曰："妙手能回枯木春，层层浮屠日增新；医经三世非常道，剑胆琴心持要津。"时余年当舞象，侍在侧，深感医仁术也，心向往之。

甲戌仲夏，忝入门墙，犹忆行礼时，鸣炮者执竿低，路人呼曰：提高之！提高之！赞礼者连称：佳兆！佳兆！众皆欣庆。

以吾邑地之僻也。华西大学医科虽誉满遐迩，抗战期间，又极一时之盛，然不及马腹。西医渐入吾乡，为时较晚，其初信者亦寡。斯时也，病苦无分时杂缓急，患者不计男女老幼，咸由中医治之。其治疫急之效，非未亲其事者所可知也，故师经验之丰，来之有自。锦官悬壶，杂症多见，功见立竿，门庭若市。调京后，乙型脑炎之奇效乃游刃略试耳。

伯父好读书，治学严，常取诸家之长而去其短，赞赏学术讨论，善纳新，诲我谆谆，尝告余曰："《内经》《神农本草经》《伤寒杂病论》《脉经》等，医家之根本也，宜熟读背诵，理解其真谛。博览群书，以作参证。"余尝求益于伯父曰："柯氏发六经兼证之说，是为一得，然以杂病混伤寒，忽仲景六经为百病立法之旨矣。《尚论》过繁，其所议王叔和、林亿、成无己者，勿乃过乎？林起龙又责喻氏窃方有执之论。奈何？"伯父曰："扼其精要，为病所用可也。历来医家，祖述者众，承其精华，非窃取也。后世对前人加以评议，指其不足，不尽因袭，乃医学发展之正路。至于纳新，尤为重要。时代变迁，事物更易，自束手足，非辨证论治之道也。中医应予继承，西学不能排斥，否则不利医学之发展。"此学术贤达开明之语也。余之学西医，多承鼓励焉。当以白虎重剂治"乙脑"而效欠客岁时，伯父告余曰："岁在乙未，太阴湿土司天，太阳寒水在泉，暑温偏湿，不得以君火司天、燥金在泉同治也。"余曰："患体有强弱，正邪有虚实，病毒有殊类，得有故乎？"伯父曰："善哉！汝言是矣。气运不同，病毒各殊，中西汇通，实显其要，亦证党中西医结合方针之正确也。"或谓师志在复古，实误矣！

伯父治病，必察患者之情志，境遇之顺逆，两天之盈损，病作之缓急，邪气之浅深等，斟酌权衡，立法定方，此固近年之心理—社会—生物医学之先进医学模式也。伯父承中医之传统，用之数十年矣。伯父用方不论经时，先行辨证；用药不论补泻，避忌伤滞，药味少而主次分明，剂量轻而严瑾有的，与鸟枪放发，全面包围迥异也。余至今遵之。若夫依证变化，则神而明之，存乎于师矣。此确为中医治疗之难于以例数重复者。

伯父事亲孝，友于兄弟，待人宽厚，对子女严，不假辞色，生活简朴知足，怜病惜伤，早年即成立"同济施医药社"，为贫苦送医施药。在成都时已成名，但家无仆从，舆无私置，此则当时之所尚也。或言其庭事之过隘，伯父曰："为候诊者避风雨或隘，为私居则无虚庭矣。"在京有盛名后，告诸世弟妹曰："尔等宜自奋，祁奚举午，余不为也。"诸弟妹之业医者，虽鳞趾凤毛，呈祥济美，但未有荐为接班人者。今分居各地，自创功业，此亦吾伯父之高风亮节也。

余虽自辟以神经学研究针灸学，并自针灸学发神经学未及之门径，未承伯父之衣钵。然自髫龄至伯父之辞世，五十余载，裸抱提携，时雨春风，受益良多。伯侄师徒，情非一般。缅怀往事，历历在目，音容尤新，德范未忘。值此百年诞辰，谨述数事为纪。

薛崇成

（三）蒲辅周附子运用二十三法

我国当代名中医蒲辅周以其学识渊深，擅治急性病和疑难病而望重杏林，饮誉海内外。用药轻灵舒缓，是他临证独特的风格之一。惟细读其著述，可窥见他对性味辛温雄烈之附子亦有着大量精到的配伍应用经验。本篇出现的医案均出自《蒲辅周医案》《蒲辅周医疗经验》，兹介绍如次，以飨读者。漏误之处，敬请同道补正。

1. 回阳救逆

《伤寒蕴要》言附子"有退阴回阳之力，起死回生之功"；《本草经读》赞其"为回阳救逆第一品药"。先生遇霍乱吐、利、大汗、肢厥，用人参四逆汤；脉微欲绝，阳浮于外，予通脉四逆汤加葱白、猪胆汁、人尿；急救投生附子；阳脱汗多者选芪附汤；有下利者用术附汤。在腺病毒肺炎120例的治疗过程中，先生对其中1例阳虚肢厥者，投参附合四逆汤为主抢救成功。虽仅见此1例，但他认为"不可拘一格"。在"阳虚欲脱（腺病毒肺炎）"案中，患者经中西医治疗后骤然体温剧降，昏迷足凉，呼吸微弱，舌上少津，脉沉弦细无力。证属阴津既伤，阳气欲脱。先生急疏回阳救逆之西洋参6克，川附子3克，石菖蒲2克，浓煎频服。当夜患者四肢渐回温，昏迷转微烦，痰能咳出；翌日呼吸衰竭缓和，舌红津回。续以益气生津法（沙参、麦冬、五味子、菖蒲、远志）调理五日痊愈，全仗参、附力挽欲绝之阳也！

2. 引火归原

《本草正》谓附子"大能引火归原，制伏虚热，善助参、芪成功，尤赞术、地建效"。先生对大虚似实，见面赤颧红、头眩烦躁、脉浮大而涩者，认为系欲脱之兆。若精神浮散，彻夜不寐者，亦至虚有盛候，急宜右归丸加龙骨、牡蛎、磁石、龟甲、阿胶和淡菜等味收摄元神。因五志过劳致肝肾真阴虚，真阳浮越于上，肝风将动者，先生予育阴潜阳，佐附子引火归原，人参益气，俾阴固阳回而眩晕渐趋消失，震颤平复。

3. 回阳固阴

有一"热病转寒中（乙脑）"案，患者在会诊前迭进大剂辛凉苦寒如犀角、羚羊角、牛黄、至宝之属，而见高热不退，肢厥神昏，腹满，下利稀溏，随矢气流出但量不多，头汗出，口唇燥，板齿干。此乃虚实互见，邪陷中焦。先生投辛通苦降剂（参、夏、姜、芩、连、芍）后利止满减，汗出热退。彼时热虽去而元气伤，见筋惕肉瞤，肢厥汗出，脉微欲绝，恐将阳脱，急以生脉散加附子、龙骨、牡蛎回阳固阴，浓煎徐服不拘时，各症渐减，阴回阳生。继进三才汤佐酸枣仁、石斛、阿胶养阴益胃，未及数帖而瘥。

4. 扶阳固卫

先生于阳虚卫弱之自汗，每斟酌在玉屏风散中加附子，或芪附汤间取效。

5. 温补肾阳（温肾培元）

《汤液本草》云附子"为入命门之剂"；《本草正义》曰其"为通行十二经纯阳之要药"。先生曰久喘治肾，系肾元阳不固者，治宜肾气丸。"脾肺同病（慢支）"案中，当痰湿化后，先以理中丸温化健脾，继予桂附地黄丸补肾固本。真元衰竭之自汗，遣参附汤温扶之。肾炎晚期肾功能衰退，元气不支，济生肾气丸和理中丸兼进。"月经不调（三）"案中，患者月经先期，经前腹泻，经停泻止，腰腹胀痛，予黄芪建中汤加附子、杜仲、补骨脂，服五剂经行即便不溏。在"经行如崩（一）"案中，患者腰痛、脉沉迟无力，附子参入补肾强腰剂中，患者症情好转，后期予黄芪建中汤加附子、白术，早晚另服右归丸，两月后经渐调并怀孕。在"口疮"案中，先生先投封髓丹加减，大便仍稀溏，遂早进补中益气丸，晚服金匮肾气丸渐愈。以上皆脾肾并调矣！在"腰痛兼二便秘涩（前列腺肥大）"案中，患者86岁高龄，真阴本亏，元阳式微，津涸气馁，无力传送，酿致尿频便结，为阳虚阴结之证。先生以桂附八味丸去丹皮，加菟丝子、杜仲、牛膝、补骨脂、巴戟天补肝肾，既育阴滋涸，又温化培元，使肾中水火渐充，形体健，营卫和而诸症悉解，五年未犯。津亏而生津涸效者，若系釜底无火不能气化，必加附子。但急性热病津伤者，用附子当慎重，辨证不清，不可轻投。

6. 益气温肾

先生治一老年患者，由中气虚致小便不畅，予补中益气汤加附子以鼓动肾阳，强盛心力，小肠之气充足，小便自然通利而竟全功。

7. 温补阳气

在"感冒（一）"案中，患者乃素体阳虚，营卫不固罹病。初进玉屏风散加附子温阳益气，患者畏风除而恶寒减，仍汗出，苔白腻，属卫阳既虚，内湿渐露，改投温阳利湿，诸症大减。终以温阳补中法，晨吞附子理中丸，暮服补中益气丸渐愈。首尾三易其方，大法未离乎温阳。

8. 温阳利湿

阳虚型高血压者，先生提倡遣附子汤佐龟甲、龙骨、牛膝治之。在"眩晕（二·高血压）"案中，患者四年来血压波动在 18.7～25.3/12～16 千帕（140～190/90～120 毫米汞柱），头晕心悸，心烦懊忱。先生据脉沉迟，舌质不红，体胖肢胀，乏力溲频，诊为阳虚湿盛，即予附子汤加龙骨、牡蛎、杜仲、枸杞、桑寄生、狗脊。仅 15 剂，患者诸症尽除，血压正常。在"阳虚脾湿（慢支）"案中，先生以六君子汤合苓桂术甘汤加味，患者咳、痰减，惟大便日二三次，且不成形，更予附子理中导四神丸制丸缓图。

9. 温阳利水

一患者患心悸（风心病）并慢性心力衰竭，病程十四年，下肢肿胀。先生给予真武汤合桂枝龙骨牡蛎汤温阳利水，俾营卫和调，脾胃健运，水肿明显消退。另一例高龄高血压病案，先生视为阳虚水逆，真武汤辅龙骨、牡蛎、半夏温镇，获得痊愈。慢性肾炎偏肾阳虚者，亦选真武汤温化行水。慢性支气管炎之水气上逆者，头眩，身瞤动，振振欲僻地者，或咳喘肢体浮肿者，先生尝用真武汤加五味子、细辛、干姜，每获佳效。

10. 温经散寒

《伤寒蕴要》指附子"温经散寒，舍此不用，将何以救之"。先生昔年在四川梓潼故里曾治一例因炎夏贪凉，在场院连续露宿三夜，而致两腿剧痛，微恶寒，上下床均需人扶持。群医历治罔效，先生药用附片15克（先煎），麻黄9克，细辛，6克，煎服，20剂健愈如初。

11. 温化寒湿

张元素论附子"以白术为佐，乃除寒湿之圣药"；虞抟认为，附子"引温暖药达下焦以祛除在里之冷湿"；汪昂认为，附子"逐风寒湿"。先生认为，寒湿多中于阳虚脾弱者，症见脉沉缓，身无大热，口不渴，溲清便溏，或身痛重着，手足肿痛，但头汗出，背强喜暖，宜胃苓汤加川附子、木瓜、炮姜治之。寒湿，脉虚而涩者，径投桂枝附子汤。"风寒湿痹"案缘于产后气血虚，外感风寒与内湿搏结合而为痹，先生匠心独运，将温经散寒除湿同调和营卫熔为一炉，黄芪桂枝汤合术附汤增损，翌日痛减，两日后经潮。

12. 温通寒积

《本草纲目》引《王氏究原方》语："附子性重滞，温脾逐寒。"肾炎晚期肾功能衰退，元气不支，现腹胀便秘，口苦酸臭，尿少而黄，先生每投温脾汤和胃降浊取效。对痼冷在胃肠间之远年痛泻、休作无时者，他多断为慢性虚寒性泄泻，因积滞未尽，尝用温脾汤制蜜丸服，尤强调"积不除，则病难愈"。

13. 温肾散寒

先生对脉沉细紧或沉细弦，舌淡苔白，腰背恶寒，四肢不温的急性肾炎者，以附子90克，麻黄、细辛各60克，共为粗末，每用12克煎服，或麻黄附子甘草汤用之。

14. 助补肝肾

虞抟云附子"引补血药入血分，以滋养不足之真阴"。在"滑胎（习惯性流产）"案中，患者已有五次流产或早产史，每次妊五月必漏血十余日，此次又兼胎漏。先生首调脾胃以养胎元，五味异功散加砂、藿、姜、枣、山药，3剂而恶阻止。继补肝肾以固胎本，泰山磐石散合安胎银苎酒增损（制川附、别直参、熟地、巴戟天、苎麻根、续断、当归、杜仲、肉苁蓉、白术），一周服 1 剂，直至足月顺娩。

15. 益气强心

在"虚阳上越（脑动脉硬化、冠心病）"案中，先生析由气血不足使然，以附子汤益气强心，加枸杞、五味子、山萸肉、龟甲、女贞子等育阴潜阳而获效满意。

16. 补中养血

《本草纲目》言补药中少加附子引导甚捷。在"寒湿痹证（亚变败血症？风湿热？）"案中，先生迭进通阳宣痹除湿、清热利湿养阴、益气养阴、调和肺胃等法，邪却正伤而见多汗，血沉 30～40 毫米 / 小时。先生用归芪建中汤加附子等味，10 剂后血沉降至 20 毫米 / 小时。先生谓："胃为后天之本，气血化生之源，脾胃健强，气血足则康复矣。"

17. 温经摄血

"便血"案病程近月，先生指为阴气内结，不得外行，血无所禀，渗入肠间，旋施黄土汤加味。其中附子、白术旨在复健行之气，血得温煦始循经而行，深恐辛温动血故佐黄芩苦寒监制，加侧柏叶以助涩血，9 剂血竟止。

18. 温脾暖胃

《医学启源》云附子"温热脾胃"。"感冒"案中，患者素体阳虚，先生历经辛散、祛风清燥和温化痰饮诸法顿挫病势后，转投附子理中汤加味，并制丸缓图善后。

19. 益火补土

"阳虚脾湿（腹泻）"一案，先生初用理中汤加味，即大便复常，惟尚乏力自汗，腹鸣腹凉，脉沉缓，原方出入制就蜜丸常服之。

20. 温寒止痢

对寒痢下利清谷，肢厥脉微，甚则滑脱不禁者，先生常予理中、四逆辈。

21. 平复厥热

《本草经读》曰："太阳之标阳，外呈而发热，附子能使之交于少阴而热已；少阴之神机病，附子能使自下而上而脉生，周行通达而厥愈。""痢疾（急性毒痢）”一案，患者为病势危笃而历用多种抗生素罔效者。先生二诊时见其寒热错杂，厥热胜复，虚实互见，示病邪深入厥阴、太阴，兼阳明胃液被劫最危之候，急投乌梅丸加味，2剂即厥热、烦躁皆平，下利好转。终以益气生津、调和肝脾之剂3剂而安，何等快捷！

22. 温脏杀虫

李杲言附子“除脏腑沉寒，三阴厥逆，湿淫腹痛，胃寒蛔动”。“虫蛊”案中，患者系先生舅父，素嗜酒善怒，盛怒后腹胀如石，头面上肢微肿，下肢黑肿，鱼腹穴及阴囊均穿小孔流臭黄水，脐突胸高，二便不利，脉沉弦涩。先生因制温白丸给服，吐蛔睡安，醒后糜粥自养数日，肿消孔敛，调理两月得瘳。此实谨遵“大积大聚，非不可治”经旨之启人心扉之佳案也！

23. 反佐纯寒

纯寒之品理当用于火热之证。至若羸弱之体，难胜克伐，初可见功，后即不效。人以胃气为本，纯寒败胃每令病情恶化。先生忆及半夏治白喉热证，以黄连解毒汤加附子、僵蚕。附子之作用在“用寒勿远热，驾诸药而不凝滞，反佐而能捣其巢，攻坚破结”。先生临床，时有效法。

综观前述，足证先生精研医理，剖析毫芒，用附子已曲尽其妙，达致炉火纯青之至高境界，但“温而不燥”是他自始至终恪守之基本准则。盖附子究系纯阳辛温之品，补火扶阳固有余，损阴尤当慎，否则，水涸阴竭火无所附，势成燎原。先生列举《伤寒论》中附子汤配白芍，四逆汤用甘草，金匮肾气丸水中补火，皆无不遵此大旨。故先生谆谆告诫来兹，临证切忌拼凑纯温热药治病。他对肾炎晚期肾功能衰退，元气不支，病势急剧恶化者，尝以熟附子、人参各9克，醋制龟甲30克，急救肾中将绝之阴阳并强心气；治疗气闭耳聋之属阴阳两虚者，予服八味肾气丸，皆活泼圆通，深得运用附子之要领，亦为先生“温而勿燥，免伤其津，实为温法要诀”之最佳诠释与疏证。

李兴培

（四）从蒲辅周用附子及温法的规律谈对火神派的思考

近年来，中医界“火神派”的提法方兴未艾。火神派源于四川清末名医郑钦安，以当代卢崇汉等人为代表，临证擅用大剂附子，倡导扶阳理念，甚至有人提出了"天下没有阴虚"的极端观点，在世界上造成了一定影响，关于火神派的各种讨论也层出不穷。

既然火神派源于四川，既然名医擅用附子，那就不能不谈到一位重要的川籍名医蒲辅周。蒲辅周系名医世家出身，以擅治疑难杂症且疗效卓著而誉满全国。蒲辅周生于 1888 年，与擅用附子而成名的祝味菊、吴佩衡同时代，所以，不论从地域、时代哪个角度来看，谈火神派对附子、温法的运用而不谈蒲辅周，都不免有以偏概全之嫌疑。

蒲辅周虽无论附子之专文留世，但在《蒲辅周医案》《蒲辅周医疗经验》《中国百年百名中医临床家丛书·蒲辅周》《名老中医之路》等书中，有关附子的相关医论、医案颇多，细细品味，可以找出蒲辅周对附子、附子类方及温法的运用规律。

1. 概述

散在于蒲辅周著作中的相关论述及医案反映了蒲辅周对温法的态度如下：①温而勿燥，免伤其津，实为温法要诀。②要掌握尺度，既要对证，也必须适中，注意中病即止。③要注意配伍。蒲辅周一般不用纯温热药物拼凑起来去治病。要注意附子汤中之白芍、四逆汤中之甘草、肾气丸中之熟地的含义，或温而不燥，或甘以缓之，或水中补火。

蒲辅周对于在多种疾病中如何运用附子及温法都有提纲挈领式的概括。

肾病：晚期时用济生肾气丸和理中汤或温脾汤。急救时可用附子 3 钱，醋制龟甲 1 两，人参 3 钱。

高血压：阳虚者可用附子汤加龟甲、龙骨、牛膝。

肝病：用药不能太寒，亦不能太热。肝病及脾，脾胃虚寒者，用柴胡桂姜汤或理中汤加吴萸、草果。肝炎阳虚者可用附子汤、肾气丸。

自汗：阳虚卫弱，见背恶寒、易感冒者，玉屏风散加附子。

五更泻：非肾虚一端，概与温肾非其治也，肾虚者才用四神丸。

白喉：半夏邦佐治白喉热痹，用黄连解毒汤佐僵蚕、附子。用附子者，用寒不远热，驾诸药而不凝滞，而能捣其巢，攻坚破结。

阴亏：津液亏损，用生津药不能获者，属釜底无火，不能气化，必加附子。

急性热病：湿热病虽伤阴属多，而补气补阳亦不可废。若需用附子，必慎重，且用量宜轻。

用温法的医案（含虽用温法但未用附子者）：蒲辅周医案中用温法取效的病种较多，包括月经不调（子宫内膜炎）案、痛经案、口疮案、中虚脾弱（腹泻）案、阳虚脾湿（腹泻）案、中气不足案、阳虚水逆（高血压）案、震颤案、阳虚脾湿（慢性支气管炎）案、类中风案、眩晕（高血压）案、感冒案、肺脾同病（慢性支气管炎）案、便血案、热病转寒中案、阳虚欲脱（腺病毒肺炎）案、麻疹后伤阳案、痢疾（急性中毒性痢疾）案、老年腰痛兼二便秘涩（前列腺肥大）案等几十种。

2. 规律

综上所述，可把蒲辅周运用附子及温法的规律概括如下：

（1）范围广泛：基本涵盖了急性亡阳、慢性虚损、真寒假热等多种类型，包括了肺、脾、肝、肾、肠、女子胞等多个脏腑。

（2）以温法回阳救逆：如附子汤治愈心病、侧柏叶汤治溃疡出血、椒梅汤治乙脑高热寒中等，体现了中医大家多擅治急症的风范。

（3）慢性病变后期以温法固本：如慢性支气管炎案。

（4）注重运用时机：蒲辅周用温法并非一温到底，而是非常重视时机的把握。有虽用温法而不用附子者；有生用附子类方，效后则转方或减去附子者；有先用应证方，效后再用附子类方善后者。充分反映了他擅用温法、擅用附子而又不偏执、不拘泥的灵活运用法度。

（5）注重配伍：蒲辅周一般不以纯温热药物组方，讲究温而勿燥。

（6）反对大剂量：蒲辅周用附子多从 3 克开始，9 克则需生煎，医案中的最大量仅为 18 克。急救时量亦不大，多用小量浓煎频服法而取效。

需要指出的是，有人因蒲辅周用温法效著而将其归为辛温派，这是极为不妥的。蒲辅周虽擅用温法，但并不代表其全部的学术观点，他对《温病条辨》亦极推崇，擅用叶天士、吴瑭之法治温病。其弟子高辉远教授认为，蒲辅周临证是真正的不偏不倚，全凭临证所需，辨证施治。邢斌认为，中医的最高境界是"杂家"，即不为一法所囿，蒲辅周已经达到了这种至上的境界。将其单纯地归为辛温派、扶阳派，实际上是对他的贬低。

3. 对火神派的思考

通过归纳蒲辅周的用药规律可知，其用附子及温法的规律与火神派存在着明显的区别，集中表现在：中病即止，不一温到底，注重配伍，不用纯温热药组方，小量宜可等几个方面。当然这并不是说蒲辅周的用法就已完备，但是这几条恰恰是火神派存在争议之处。这几条规律实际上代表了相当一部分名医的态度，这些名医未必不知附子功效卓著，未必不知《内经》中"阳重于阴"的观点。正如当代中医泰斗朱良春先生所说："附子温五脏之阳，要擅用不可滥用。"《朱良春用药经验集》中将附子列于篇首，可见其对附子的重视程度，但从其医案来看，均是当用才用，完全遵从辨证论治的原则。朱良春既有从扶阳角度出发的"培补肾阳汤"治慢性虚损，又有以寒凉药为主的，先发制病的通下疗法治急性热病，亦属杂家。蒲、朱二老是临证疗效卓著的临床大家，他们对附子及扶阳法的态度提示我们在学习附子及温法时需明确以下几点：火神派推崇扶阳理念，擅用附子，但扶阳法绝不是火神派的专利，用附子亦不是火神派的专利；不要因为学习了扶阳理论就认为万病皆为阳虚，并非只有温法才能愈病；不要因为附子疗效卓著就把它看作万病灵丹；并非只有大剂量附子才能愈病，附子的配伍方法很重要。

历史上每一种新学派创立之初，为了倡导新说，针砭时弊，引人重视，都不免矫枉过正。如何绍奇先生说，张景岳为了倡导温补学派，为了驳倒朱丹溪，就顾不得言辞之激、立论之偏了。此论并非否认火神派在推广扶阳思想，扩大附子应用范围上所做出的巨大贡献。但是郑钦安的主要学术贡献在于把许多状似阳证，实属阳虚的症状系统归纳提炼出来，在于极大地扩大附子的适用范围，而并不在于单执温法、单一大剂量使用附子上。其传人在一定程度上偏离了郑氏本意。笔者所批评的，正是那种"罢黜八法、独尊扶阳"的偏执，是那种"天下没有阴虚"的极端，是那种"附子动辄用上百克，认为小量不能愈病"的死板，是那种"附子就像佐料中的味精，什么方里都可以放一点"的唯心。

任何一种流派的成熟大都需要几代人的努力，甚至是听取反对者的意见。火神派创立的时间尚短，更需如此。为了避免把理论探讨演变成无谓的口舌之争，研究蒲辅周等虽擅用附子、温法，却不专用、不拘泥、不属于"火神派"的众多医家的经验，对于完善火神派有更大的实用价值和更积极的现实意义，愿与同习者诚。

董松泉等

（五）蒲辅周运用黄芩治疗温病经验举隅

苦寒之清热解毒药能较强地祛除温邪，故常用苦寒清热解毒药配合辛凉咸甘等法来治疗温病。咸寒苦甘法以固护真阴为重心，苦寒之品用以泄热存阴，甘寒甘苦法的应用主要在于留津气。一味苦寒清热，可成坏病。目前在临床中屡见温病初起时滥用苦寒药，忽视辨证论治，导致临证失误的情况。温病用苦寒药物治疗一旦失误，易使病情发生变化，使轻者转重，重者致危，甚至危及生命。因为苦寒化燥也能伤阴，故治疗时要掌握分寸，不可滥用。

黄芩性寒味苦，归肺、胆、脾、胃、大肠、小肠经，可攻逐邪热，清泻肺胃、肝胆、大肠之热。《神农本草经》记载黄芩"治诸热、黄疸、肠澼、泻痢、逐水、下血闭、恶疮、疽蚀、火疡"。丁甘仁在治疗外感温热病方面卓有成就，他在《药性辑要》里论述，黄芩中枯而大者，清肺病而止嗽化痰，并理目赤疔痈；坚实而细者，泻大肠而除湿治痢，兼可安胎利水；黄疸与血闭均宜，疽蚀暨火疡莫缺。清代吴塘的《温病条辨》载方195首，其中含有黄芩的方剂总共23首，占全书总方的11.8%。杨栗山用药擅以苦寒清热解毒药为主，配合解表药、泻下药、利水渗湿药等运用。岳美中临床也常配伍黄芩治疗诸如流行性乙型脑炎等温病，临床常采用邵步青的热郁汤，方中运用黄芩清解气分之热。若热毒内结在里较重时，则需要苦寒直降。根据症状审查病情的浅深轻重，对证选用，轻剂用黄芩汤，方中用黄芩清泄肠胃湿热，重剂如三黄石膏汤，以黄芩、黄连、黄柏大清里热。蒲辅周为我国著名的中医学家，尤擅长治疗温病，临床不拘苦寒伤阴之说，辨证灵活用药。本文查阅了《蒲辅周医疗经验》和《蒲辅周医案》中的43则医案，就蒲辅周运用黄芩治疗麻疹、乙型脑炎、腺病毒肺炎、风温等温病的经验做一个整理归纳。

1. 运用黄芩治疗麻疹经验

蒲辅周在治疗麻疹因护理失宜或风寒所袭导致疹毒内攻时，症见麻疹突然隐没，喘急，痰涎壅滞，应急用荆防解毒汤（薄荷、连翘、荆芥穗、防风、牛蒡子、黄芩、黄连、大青叶、犀角、淡豆豉、芦根、灯心草等），水煎服。方中用黄芩、黄连、连翘、大青叶清内陷之疹毒，外用胡荽酒熏蒸其衣被，使疹透出；若疹已散没，而低热不退者，乃余热留滞半表半里之间，宜用柴胡清热饮（柴胡、黄芩、赤芍、生地黄、麦冬、知母、地骨皮、生甘草、生姜），以柴胡配黄芩清除半表半里之余热；若疹已出，胸满喘急者，为疹毒内攻，肺气受阻，宜用清气化毒饮（杏仁、前胡、桔梗、瓜蒌仁、连翘、桑皮、黄芩、黄连、玄参、麦冬、生甘草、芦根），黄芩清上焦肺卫热毒，此方清润宣降；若疹毒已发于外，里热壅盛，而咽喉作痛者，以凉膈消毒饮（荆芥穗、连翘、薄荷、黄芩、栀子、生甘草、牛蒡子、芒硝、大黄），用灯心草水煎服治之，方中配黄芩可清膈中郁热；若麻疹，下痢，赤白稠黏，热毒移于大肠，里急后重者，用清热导滞汤（当归、白芍、黄芩、枳壳、厚朴、黄连、槟榔、青皮、山楂、连翘、牛蒡子、生甘草）治之，黄芩配伍黄连可清泄肠腑湿热，此时不能轻投止涩之剂，以致肠腐难救。

麻毒内陷病案举隅：患者，女，7岁，1959年1月19日初诊。麻疹出现3天，疹形不透，高热烦躁，呛咳憋气，咽喉疼痛，二便不通，腹内不适但不硬满，脉滑数，舌质黯红而干，苔黄腻。此为麻毒内陷，肺气郁闭，因服寒凉药过早，冰伏其毒所致。脉尚滑数者易治，法宜宣肺透毒为主，佐以生津泄热之品。处方：苇根15克，金银花10克，连翘10克，牛蒡子5克，天花粉10克，桑白皮6克，生甘草2.5克，黄芩3克，生石膏12克，竹叶6克，通草3克。

二诊：疹形已透，热略降，仍烦寐不安，舌脉同前，余热尚甚。此乃热郁伤津，故拟养阴生津，兼清余热之方。

三诊：诸症好转，故守方加蜂蜜二两继续服用。

末诊：患儿大便已通，体温正常，惟饮食不佳，尚有微烦，脉沉滑微数，舌苔转秽腻，中心黄。此属余毒未尽，内伏湿热互结，壅遏肺胃，改用调和肺胃、清泄湿热之法。处方：冬瓜仁12克，杏仁6克，薏苡仁12克，苇根15克，滑石10克，天花粉6克，桑白皮6克，黄芩3克，茵陈6克，麦芽6克，通草3克。连服两剂，患儿诸症消失，口和知味，二便畅通，脉象缓和，恢复正常。

本例麻疹因初起使用寒凉药过早，失于宣透，疹毒不得外达，以致内陷，肺气郁闭而见高热、呛咳、憋气、喉痛等症，治疗采用金银花、连翘、牛蒡子等清宣透毒为主，佐以黄芩、桑白皮、天花粉、生石膏等清泄肺热之品。服后疹透热减，里热未清，继用养阴清热、生津润便和养阴清燥等法，使内陷之疹毒逐渐清解，但内伏湿热互结，故转而用黄芩、滑石、杏仁、薏苡仁、冬瓜仁等清热利湿，湿热除则病自愈。

2. 运用黄芩治疗乙型脑炎经验

蒲辅周通过临床实践总结出辛凉透邪、清解热毒、通阳利湿等八法治疗乙型脑炎。在辛凉透邪法中，若邪在气分，可选用凉膈散，方中配伍黄芩清胸膈郁热。在清热解毒法里，若表里俱热，气血两燔，症见发热恶寒、头痛剧烈、狂躁心烦、谵语不寐，治宜清热解毒，选用清瘟败毒饮，配黄芩清上焦之火；若真阴欲绝，壮火复炽而心中烦不得卧者，治宜清热养阴，选黄连阿胶汤，用黄芩、黄连清泻心火。在通阳利湿法里，常用黄芩、黄连苦降泄热和阳，若湿热并盛，选用黄芩滑石汤，以黄芩配伍滑石、茯苓、猪苓清热利湿，治疗中焦湿温。

乙型脑炎热病转寒证案举隅：患者，男，29岁，诊断为流行性乙型脑炎。曾连服大剂辛凉苦寒如犀角、羚羊角、牛黄、至宝之品，但高热不退，四肢微厥，神识如蒙，时清时昏，目能动，口不能言，胸腹濡满，下利稀溏，随矢气流出，量不多，尿不利，头汗出，漱水不欲咽，口唇燥，板齿干，舌质淡红，苔白，脉象寸迟弱，关弦缓。分析脉症，本案属于虚实互见，邪陷中焦，主以人参泻心，去枳实易半夏之辛通苦降法。处方：人参10克，干姜6克，黄连5克，黄芩5克，法半夏10克，白芍12克。服后邪热去，但见惊惕肉瞤，肢厥汗出，脉微欲绝，有阳脱之危，急以生脉散加附子、龙骨、牡蛎回阳固阴。此患者因寒凉过甚，已由热中变为寒中，热邪被迫格拒中焦，故取泻心法；里虚，故用人参以护里阳，白芍以护真阴；湿陷于里，故用干姜、法半夏之辛热以温中散寒除湿；湿中兼热，黄芩、黄连之苦寒清热通降。辛开苦降，病机一转，邪热顿去而大虚之候尽露。

3. 运用黄芩治疗腺病毒肺炎经验

蒲辅周通过临床实践，总结出八种方法治疗腺病毒肺炎，其中解表法和表里双解法中多运用黄芩。在解表法中，若风热上受，苔黄，宜桑菊饮合葱豉汤，并加黄芩清泄肺热。在表里双解法中，若表实下利，发热汗出而喘，下利黏臭，腹满，脉促，苔微黄，用葛根芩连汤加味治疗，方中黄芩配伍黄连清热燥湿、厚肠止利。

风热闭郁型腺病毒肺炎病案举隅：患者，女，8个月，1961年4月10日会诊，诊断为腺病毒肺炎。高热七天，现体温39.8℃，咳喘，周身发有皮疹，惊惕，口腔溃烂，唇干裂，腹微胀满，大便稀，日行五次，脉浮数有力，舌红少津无苔。

证属风热闭肺，治宜宣肺祛风、辛凉透表法。处方：桑叶 3 克，菊花 3 克，杏仁 3 克，薄荷 2 克（后下），桔梗 2 克，芦根 10 克，甘草 2.5 克，连翘 3 克，僵蚕 5 克，蝉蜕 5 克，葛根 3 克，黄芩 2 克，葱白 2 寸（后下），1 剂。

4 月 11 日复诊：患儿体温降至 39℃，有抽搐预兆，舌红苔微黄少津，面红，腹微满，四肢不凉。原方去葛根，加淡豆豉 10 克，再服 1 剂。

4 月 12 日三诊：诸症好转，原方去葱豉，加枇杷叶 3 克，前胡 2 克，连服两剂而渐愈。

风热闭肺治以辛凉透表，宣肺闭而祛风热，用桑菊饮加黄芩、僵蚕等清热祛风，从症状和舌象可以知道患者已经存在阴伤现象，但蒲辅周一、二、三诊中均施用黄芩，不避苦寒。患者服药后热渐退，由此可以看出蒲辅周运用黄芩治疗温热病得心应手。

4. 运用黄芩治疗风温经验

风温是感受风热病邪引起的急性外感热病。蒲辅周治疗风温表邪郁闭，肺卫不宣时，常用金银花、连翘、黄芩清宣透表。若小便短少，则用银翘散或桑菊饮加黄芩、知母、栀子，若肺热加黄芩、天花粉。

风温病案举隅：患者，男，2 岁 3 个月，1959 年 4 月 10 日住某医院。患儿高热不退，周身无汗，咳而微烦，诊其脉数，舌质微红、舌苔黄腻。此属表邪未解，肺卫不宣，热不得越，治宜清宣透表。处方：紫苏叶 3 克，僵蚕 5 克，金银花 6 克，连翘 5 克，杏仁 3 克，桔梗 2.5 克，牛蒡子 5 克，薏苡仁 6 克，淡豆豉 12 克，黄芩 3 克，竹叶 6 克，苇根 15 克，1 剂，水煎服。

二诊：服药后微汗而热减，但仍咳嗽，舌苔灰腻，脉沉数。原方去银花、豆豉，加枳壳 3g，再服。

三诊：热退嗽息，但湿热未净，故以二陈汤等化湿之品善后，两剂而愈。

风热久羁，表气闭郁，法当清肺透表，首诊用紫苏叶等解表祛风，伍以黄芩、金银花、连翘清宣肺热，再佐以竹叶等清热利湿，使热从小便除。二诊热减，但仍咳嗽，故去金银花、豆豉，仍保留黄芩清泄肺热，加枳壳 3 克，宣降相因。三诊清除肺胃湿热而愈。

5. 结语

温病的治疗宜以宣畅气机、祛邪外出、保存阴津为法，忌用苦寒伤阴之品，

但从蒲辅周运用黄芩治疗麻疹、乙型脑炎、腺病毒肺炎、风温等温病的经验可以
知道，黄芩虽为苦寒伤阴之品，仍可以被运用于治疗多种温病。所以临床治疗温
病时应辨证灵活用药，苦寒适时，不可拘泥于温病容易伤阴之说，舍苦寒不用，
而早投、慢投甘寒平和之品，则必致贻误病情，使病情恶化加深，因为邪结气分
不能遽解之证，最宜于苦寒通降，切忌甘寒滋腻。

董历华等

（六）略论《蒲辅周医案》

《蒲辅周医案》记载了蒲辅周诊治内、妇科，以及外感热病的案例。蒲辅周
强调要重视胃气，保胃气，认为胃气受戕，则内伤难复。调治脾胃，要讲究升、
降、润、燥、通、补法。有关蒲辅周的学术思想和临床经验主要归纳如下：

1. 诊治疾病，强调整体

善从整体出发诊治急性外感病是蒲辅周一贯的学术思想。对于外感热病的诊
治，蒲辅周认为首先要区别正与邪、标与本之间的关系，尤其要注意外感热病的
辨证，其诊治重点在于祛邪和养阴。按照一般的治病原则，热病初期和中期应当
散热以存阴，不投养阴之品而寓养阴之义。蒲辅周认为，邪热盛时，应在清热之
中，佐以养阴，如白虎加人参汤、竹叶石膏汤；邪热已微时，应生津益肾，方以
麦门冬汤、益胃汤；邪去八九，宜大定风珠等方。所以处理好正与邪、标与本之
间的关系，关系到疾病的治疗与用药，故蒲辅周要求我们诊治疾病首先要强调
求本。另外，他还指出，疾病虽多因正虚邪入，然不可妄补。邪之侵入，起病为
实；留而不去，其病亦实。外感病宜因势利导，以祛邪为第一要义，邪去而正自
安。蒲辅周十分赞同叶天士有关温热病的论述，即通常以病因为本，以症状为
标，不明标本，不足以求因、不足以审证、不足以论治。因此，对于诊治疾病，
强调整体，正确抉择施治是十分重要的。

2. 注重贯通"伤寒"和"温病"学说

《伤寒论》与温病学说两者的有机结合，丰富和扩充了热病的辨证论治内容。
有关"伤寒"与"温病"之间的区别，蒲辅周认为外邪以寒温之性而分，《伤寒
论》详于寒，温病学说在伤寒的基础上详论其温。《伤寒论》有麻杏石甘汤的辛
凉法，而温病学说创立了桑菊饮、银翘散。在诊治上，蒲辅周认为伤寒、温病各

有所长，必须并存，酌情选用。

临床中蒲辅周始终注重贯通"伤寒"和"温病"学说，采用"伤寒""温病"两法，具体表现在辨证和用药上。例如寒邪表闭，方用三拗汤加辛温微寒药；温邪表郁，用桑菊饮加甘寒苦温药；表寒肺火，用麻杏石甘汤加微甘寒药；表寒水饮内停，用射干麻黄汤加辛甘苦温药；表寒痰热内蕴，用定喘汤加温凉类药等。另外，他还告诫我们："四时温病之中亦偶有兼秽浊杂感者，须细心掌握，治疗须与瘟疫相参，才能提高疗效。""伤寒"和"温病"在治则上虽各有同异，只要融会贯通"伤寒"和"温病"学说，把握好病机，辨证论治，定能获效。

3. 重视胃气，主张八法

脾胃为"生化之源""后天之本"。《内经》曰："有胃气者生，无胃气者死。"可想而知胃气对人体有多么重要。在临床中，蒲辅周十分重视胃气，尤其治疗内伤杂病时，他认为胃气受戕，则内伤难复。故上损及胃，下损及中皆在难治之例。五脏中无论何脏之虚关于胃者，必从胃治；不关于胃者亦当时刻不忘胃气这个根本。众多慢性疾病都以胃气为本，尤其是脾胃虚弱患者，药量宜轻。蒲辅周说："宁可再剂，不可重剂。"并指出："用苦寒攻下法，必须谨慎。"他认为，"凡攻击之药，病重则病受，病轻则胃受之而伤矣，是胃诛伐无过，须扶脾胃正气，待其自化"。在《蒲辅周医话》中曾载有这样一例病案："四十年前，梓潼黄某，胸闷，腹胀半月余，予砂仁、豆蔻、山楂、神曲等消导，人参、白术等温补，迭进无效，连夜派人至成都接我回梓求治。到后方知郭先生已先我一日而到，并处小承气汤。富贵之家畏硝黄如虎狼，迟疑不敢服药，要我决断。我见其舌苔黄厚，脉虽沉但有力，知系平日营养过丰，膏粱厚味蕴郁化热，积于肠胃所致，理应涤荡。力主照郭先生方服用，黄某犹豫之下，勉进半茶杯，半日后腹中转动矢气，又进半杯，不时解下黑色稠粪少许，味恶臭，胸腹顿觉豁然，纳谷知香。事后黄某问：'何以消导不效，非用攻下不可？'我说：'病重药轻如隔靴搔痒，只能养患尔。'"根据患者的症状分析，蒲辅周认为是内伤病，热积肠胃，故用苦寒通降，目的是保胃气之通畅。在诊治中，蒲辅周总是提醒我们说，凡察病者，必先察脾胃强弱；治病者，必先顾脾胃盛衰。尤其对于伤寒病末期脾虚者，宜用甘草人参汤，他认为此汤剂甘温调脾；温病末期胃津伤者，宜用麦门冬汤，他认为此汤剂甘寒养胃。通过对数例医案的分析，使我们进一步了解到，蒲辅周调治脾胃注重胃气，善用升降润燥通补法，主张李东垣之保胃阴，叶天士之振脾阳，疏通之法则本仲景。他的治病原则是辨证论治，以法治病，主张八法，即汗而勿伤、下而勿损、温而勿燥、寒而勿凝、消而勿伐、补而勿滞、和而勿泛、吐而勿缓，为其治疗大法。在用药方面，蒲辅周善用古方，却不泥古方，善用小方药、小味药，药量少，轻灵多变，加减有则，比较重视药物间的配伍和用药纯正。他时常跟患者说："不要认为药治万能，病去则食养之，以冀康复。"以上所述一切，都是蒲辅周在诊治脾胃和其他病时，重视胃气方面的临床经验和体会，以供借鉴。

4. 善用虫药，主治诸病

在中医古籍中，有关虫药应用的记载很多，如张仲景用大黄䗪虫丸。蒲辅周在诊治妇科和内科的中风病证中，尤其善用虫药。例如在治疗妇科病月经过多、崩漏、人工流产后出血不止和产后血崩不止的十余例病案中，用虫药者占99%。对于有热夹瘀者，方中必加地龙。积聚疼痛者，除用活血化瘀药之外，必加全蝎、蜈蚣、僵蚕、蛴螬、土鳖虫、蛇等虫药逐瘀。治头痛，常用龙虎丹、大活络丹、小活络丹等方，方中有全蝎、僵蚕、地龙、白花蛇、乌梢蛇、地龙等祛风通络定痛药。另外，治喉痹，他主张用七宝散，方中全蝎与白僵蚕两虫药配伍，增强了整个方中的药性之力，起到消肿止痛之疗效。治疗破伤风，方用玉真散加蜈蚣、僵蚕、全蝎之类以息风解痉。应用虫药治病，在蒲辅周的医案中相当多，这说明蒲辅周博采众长，通过继承发扬诸医家用虫药主治各种病证的经验，结合自己的治病体会，在临床中取得可显成绩。

总之，蒲辅周长期以来，不管临床诊病，还是处方用药，无处不注意整体，辨证求本，注重以胃气为本，融会贯通"伤寒"与"温病"学说，以指导外感热病辨证、治疗、用药。在用药上，蒲辅周施药精当，简练有法，主张"以法治病，不以方治病"。这一切都体现了蒲辅周独到的治病经验和用药特点，给予我们很大的启迪。

王亚芬

（七）蒲辅周临床制方遣药的规律

本文从蒲辅周的医话医案及医疗经验中管窥其制方用药的规律，以光大中医临床医学之精粹。

1. 方随法立

望闻问切、四诊合参、辨证求本、审因论治，可以说是中医临床思维的精华，也是蒲辅周身体力行，着力推崇之处。从下面两个病案中可领会到蒲辅周辨证立法、方随法立的独到角度和思维方法。

失眠案：患者自述不思食和睡，夜醒昼昏，舌脉无异。观其所用药均系养阴、清热、重镇安神之类，然其罔效，详问乃知两月之内，患者几乎天天饮酒食肉，由此醒悟此膏粱厚味郁积蕴热，热郁阴分，内扰神明，神不安宅，故精神亢奋。以积滞论治，用山楂、神曲、麦芽、茯苓，3 剂而安。

乙型脑炎案：1955 年石家庄流行乙脑，投白虎汤甚效，翌年北京亦流行，再用之则罔效。蒲辅周以为此病虽皆发于暑季，惟石家庄久晴无雨，偏热，属暑温，故用白虎汤效捷，而当时北京久雨，湿热交蒸，偏湿，属湿温，改用通阳利湿方获疗效。

从以上可知，在制方用药时必须掌握年龄之长幼、形体之强弱、阴阳之偏盛、四时季节气候之常变、地域五方之异、生活的情况、意志的苦乐等，处常应变，审证求因，方随法立。

2. 选方要准

选方是制方的基础。执数方应付百病，猎中者少，受误者众，此言选准之难。蒲辅周重视"选方要准"，所选方剂面广，既善用仲景等古方，又能识用时方、民间验方。如对四时温病，杂气瘟疫，蒲辅周就极力推荐杨栗山的《伤寒温疫条辨》十五方。

（1）明确方性

所谓方性，就是对方剂的药物构成、配伍特点、主要功能及服用禁忌等进行综合概括和凝练。蒲辅周认为，明确方性有助于执简驭繁，熟练选方，如能与临床辨证思维巧妙结合，则相得益彰。如资生丸治脾胃病，既无参苓白术散之补滞，又无香砂枳术丸之燥消，属平和无碍之剂；应用仲景、鞠通等古方，则应熟悉原文，细加体会，如桂枝汤的发散之力不及麻黄汤，结合煎服要求，重在解肌和营，故能广治诸科杂病。

（2）药量适中

方药剂量是否允当，也是选准方剂的重要环节，既要避免杯水车薪，亦不能药过病所。如玉屏风散是治疗老年人或卫虚易感冒的方剂，蒲辅周用其粗末9～15克，煎服效佳；有人用大剂玉屏风散，服3剂而胸满不适，改小剂煮散后获效而无胸满之弊。有些成方，如小承气汤、厚朴三物汤等，虽药味相同，但因主药分量的差异而作用不同。蒲辅周使用大青龙汤治伤寒，桂枝量只需数分（小于3克），并嘱切勿过重，否则易致衄，这与仲景原方中的药量相去甚远。有时还应注意成方中药物之间的比例，如四物汤中川芎量宜小，约为当归之半，地黄为当归的2倍。

（3）加减有则

成方加减增损一般遵循"有是证即用是方，有是证即用是药"的原则。方剂的组成有时是几个成方的混合变化而成，但切忌不可随意投药，若一方乱投一二味不相干的药，即难见功。如麻杏石甘汤为辛凉宣闭方，若加黄连、黄芩、大黄后则往往冰伏其邪，开不了郁闭的肺气。蒲辅周反复告诫"治上不犯中，治表不犯里"，应用清法时，到气才可清气，清气不可寒滞，如用生地、玄参等，若用之反使邪不外达而内闭。若为白虎汤证不可加三黄解毒泻火，反之则由辛凉变苦寒而成"死白虎"，导致不能清透其热，或致"热中"转为"寒中"。三拗汤与麻黄汤之所以治喘病，因为走营血要桂枝才行，但舌质红者须慎之，若舌稍红用三拗汤加葱白宣通阳气，较麻黄汤稳当；内热已起，则加生石膏。由此可知蒲辅周加减方剂的原则性、灵活性和创新性。总之，用药师古人之意，不可拘泥古方，是临床辨证选方时应遵循的原则。

（4）制方要严

制方与选方相辅相成。制方可以是选方的发展，也可以是根据病证、药理等的独立创制。

识药——制方的首要前提。识药可从两个层次说明：其一，从整体上把握药物的作用。我们应该认识到，用药如用兵，是不得已而为之，其作用在于补偏救弊，当中病辄止；药物有正反两方面的作用，既可治病，又可致病，如此就不致错用、乱用、无病用药，而且临床疗效并不与药物多寡、用量大小、花钱多少等成正比。其二，从个体水平上重视对每味药物的认识。蒲辅周对近百味中药的四气五味、药物作用和临床运用均有透彻的了解。如石膏，性辛甘寒，煅之清胃热之力大于生用，因其性凉甚，每服 6 ~ 9 克即可，煅后去辛味，只剩甘寒，乃成守而不走之药性，故解肌退热宜用生石膏，不用熟石膏。砂仁、蔻仁、木香均为辛温香燥之品，少用化湿悦脾，舒气开胃，太过则耗胃液而伤气。

从治疗冠心病的两和散（蒲辅周自制方）的药理分析中可进一步看出蒲辅周重视识药。两和散以人参为主药（可以党参代，糖参不如党参），以助心气；丹参性偏凉，必要时可改用当归；鸡血藤的养血活血作用胜过桃仁；血竭活血而不伤正气，如缺药，可用性柔和而有效的藏红花，草红花最好不用，因其只能行气，且多用耗血；没药因气味不好，可改用不伤正气之郁金；石菖蒲具有止痛、运中强心的作用，茎细味重，不能用水菖蒲代替，且以梓潼产最佳。

用药精——抓住主要矛盾。在辨证立法的基础上，制方要讲究配伍。药物有主辅之分，要抓住主要矛盾，而且病愈复杂，用药愈精。蒲辅周曾治一例外感病的变证，为脾阳损伤的逆证，西医称为重症肺炎，开始就用甘草干姜汤点滴频服以温脾阳而复肺阳，救治而愈。另一例伏寒化热案，患者咳嗽三周，痰多，鼻塞，声重，流清涕，汗出恶寒，咽痒微红，头背痛，脉浮弦滑，舌苔薄黄腻。证属伏寒已久，郁而化热，宜标本合治，辛开苦降，宣肺化痰止咳，采用射干麻黄汤加减，继以和解法益肺阴、和胃阳，并祛外邪而收功。此例若根据咽红苔黄而妄投苦寒，则冰伏其邪，病程必然延长。

对于炎症的概念，不能单纯理解为两个火字，要具体分析，不要凡是炎症都清热解毒，遂用黄连、黄芩、板蓝根之类。蒲辅周认为伤于苦寒太过者，即同误下。如他曾治一例急性肝炎患者，服苦寒重剂后，不思饮食，身疲肢倦，便溏，谷丙转氨酶 300 ~ 400 单位，麝絮试验为阳性。用香砂理中汤加吴萸、草果，治疗约一个月，患者肝功能正常。总之，组方用药宜精纯，最忌复杂。

用药宜当——时刻扶正护脾。组方用药须掌握分寸，太过或不及皆能伤正。蒲辅周临床运用八法时，强调汗而勿伤、下而勿损、温而勿燥、寒而勿凝、消而勿伐、补而勿滞、和而勿泛、吐而勿缓，时刻顾护正气。如汗法用药，要因时、因人、因病而异；季节不同，用药要有相应的变化，如冬天多用麻黄，夏日多用香薷；寸脉弱为阳虚，不可发汗，汗之则亡阳；尺脉弱或迟，不可发汗，发汗则亡阴等。

蒲辅周治病时刻顾护正气，更多地体现在对脾胃的调护方面。他认为保胃气有七法，如甘寒益胃阴、清余热主胃津、甘温养胃、损谷保胃气等法，临床喜用丸散，药量殊轻，都是基于顾护脾胃。患者脾胃本弱，药多加重其负担，反影响吸收。

剂量轻——着力推荐煮散。蒲辅周临床用药，药品轻重有度，以量轻剂缓为主，汤丸散剂兼用，着力推荐煮散而著称，尤其对慢性病，因脾胃已弱，药量宜轻，宁可再剂，不可重剂，用之欲速则不达，反伤中气。这是蒲辅周临床用药的重要原则。分析其验案，汗散发表药量宜轻，如麻黄、薄荷、防风等，这也符合"上焦如羽，非轻不举"的精神；除湿化痰药量宜轻，如苍术、厚朴等；辛香温燥或大苦大寒之药量宜轻，如砂仁、蔻仁、木香、细辛、川芎、黄柏等，过量则伤脾胃；健脾和胃，病后调理药量宜轻；佐使药量宜轻等。即使运用成方加减，他也不拘泥于古方药量，如射干麻黄汤之麻黄仅八分，与原方之四两相去甚远。蒲辅周善用丸散，重在取其量轻缓图，免伤胃气。对于慢性病，应调其所偏，补其不足，蒲辅周推荐煮散。所谓煮散，就是将药物研末，和匀，以粗末9～15克，每日纱布包煎，一般用水300毫升，慢火煎取100毫升，分早晚2次温服。

宜廉——替代药物有方。蒲辅周力倡用价廉功同者代替贵重药材。他认为药价之贵贱，不能决定疗效高低。如羊角（黑羊角）与羚羊角性味稍殊，但功效大致相似，可以替代；用水牛角合童便替犀角；人参如补气健中以党参代，益气生津、清热润肺以沙参、玉竹代等。他还提倡对同种植物传统药用部分扩大利用，广辟药源，如银花藤及叶，功同金银花，可替；苦楝子与其根、花可互替。尚须注意，同种植物的不同药用部分，作用之侧重有所不同，如枸杞，其苗、叶清上焦心肺虚热，其根皮清下焦肝肾虚热，其子以滋肾润肺为主。有时须根据病情替代成方中的药物，以期获得更佳疗效。如四物汤，凡治血瘀者改白芍为赤芍，血热者改熟地为生地；对于伏寒化燥，用麻杏石甘汤加味以外透肌表，内清郁热，妙在不用麻黄，取麻黄根代之，多用于多汗或体弱者，取其气味涩，宣通肺气、固正达邪之功用。还有一种是为气味难服之品寻找替代，如用川郁金代气臭味苦之没药等。

陈新宇

（八）蒲辅周方药配伍用量规律探

配伍用量是方药用量规律的重要组成部分，配伍用量的比例可影响药效和制约药物毒性，影响药物有效成分的溶出，调整用量配比能够改变药物作用的方向。配伍用量的规律是蒲辅周方药用量规律的重要组成部分，笔者以《蒲辅周医案》《蒲辅周医疗经验》中的成人汤剂为研究对象，通过方中药物间量的关系，从方剂的配伍原则、八法的恰当运用，以及对药物偏性的制约几方面，总结蒲老配伍用量的规律，现分述如下。

1. 君臣佐使，各施其量

这是配伍用量的基本原则。蒲老更喜用"主辅佐使"，主药、辅药用量大、药味多，佐药、使药药味少、用量小。如产后血崩不止案（《蒲辅周医案·妇科治验》）：某 27 岁产妇，产后血崩不止已 50 余天，症见面色苍白，目无神采，语言低缓，唇舌皆无血色，面目手足浮肿，肢体麻木不仁，肌肤甲错，小便失禁，舌淡苔白，六脉微细。此因产后流血过多，气血两虚，又兼冲任损伤，八脉无力统驭，气不能帅血，血不足以固气，已成危候。幸而患者尚能进食，胃气尚存，尤有运药之能，急以固气止血为务。以黄芪一两，党参五钱，白术三钱益气、强心、健脾，为主药；鹿角霜一两通督脉之气，阿胶三钱养肝肾之阴，杜仲四钱、续断二钱续络脉之绝，并强腰脊，为辅药；三七三分，蒲黄炭三钱涩血之源，以之为佐；恐止涩过甚，兼以香附一钱舒气之郁，以之为使。从以上药味数、用药量可见，主药、辅药（可认为君药、臣药，在此为复君、复臣）药味多、用量重，而佐药、使药药味少、药量轻，突出该方以建中气、固冲任为主的治则。一般认为君药是针对主病、主症、主因起主要治疗作用的药物，药味少，用量大，我们可以依据蒲老的用法把君药理解为君药组（复君），君药组中可以有君中之君、主中之主。如本案主药黄芪、党参、白术三味，黄芪、党参可以认为是君中之君、主中之主，尤其黄芪，可以认为是三者之中最主要的君药。

2. 八法应用，蒲老特色

蒲老强调以法治病，创造性地提出"汗而勿伤、下而勿损、温而勿燥、寒而勿凝、消而勿伐、补而勿滞、和而勿泛、吐而勿缓"的治疗法则。八法的临床应用，是通过药物间的配伍用量实现的，这是最具蒲老特色的配伍用量，尤其体现在汗法、温法、清法、补法的应用中。

（1）汗法

汗而勿伤。汗法，是外感病初期有表证时的必用之法。汗之不及固无功，汗之太过亦伤表，大汗必伤阳，过汗亦耗液，汗而有伤易致变证蜂起。蒲老认为，汗法辨证选方要适宜，方剂讲究配伍。关于配伍用量，蒲老认为麻黄汤为发汗解表之峻剂，方中之甘草和内攘外，若使用恰当，亦可汗而勿伤。蒲老曾谈到一老年女性患者患伤寒太阳表实证，曾因用麻黄汤不解而问于蒲老："是否分量太轻，亦或未用您老之喜用葱白耶？"蒲老曰："葱白固发表通阳之良药，但症结不在此。你方中用甘草几何？"答曰："二钱。"蒲老曰："得之矣，如何得汗？麻黄、甘草相去无几，必不得汗。"乃减甘草量，麻黄二钱，杏仁二钱，桂枝二钱，甘草五分，一剂即得微汗而愈。所以在麻黄汤应用时，麻黄与甘草的用量配伍恰当（麻黄要大于甘草的用量，此案二者的用量比例为 4∶1），才能起到既表邪得解又不伤正气的效果。外感风寒一般情况下会逐渐有化热倾向，但若表证仍在，即使已有化热情况出现，蒲老还是以解表为主，少佐清热之品。如《蒲辅周医疗经验》中风邪郁闭案，患者虽发热数日，咽痛，苔黄腻，但仍有恶风寒、头痛身痛、右脉浮数之表邪郁闭之象，故蒲老以杏苏散为主，只稍用黄芩 3 克清里，在众多解表药中，可谓清热药药味之少、药量之轻。若外邪未尽，纵有兼夹，仍宜疏解为主。如《蒲辅周医疗经验》感冒夹湿案，患者已感冒两周，虽有大便干燥、苔白黄腻之湿滞之象，初诊只以杏苏散三剂疏解立法。二诊虽热退咳嗽止，但鼻塞未除，外邪未尽，仍以疏解为主，只加用炒神曲 6 克兼理肠胃。待三诊外邪已解时，才专主和脾消滞、清利湿热。

（2）温法

温而勿燥。蒲老认为，温法有温散、温热、温补之分，既有人参、黄芪、白术、甘草平和之温，也有附子、干姜、肉桂燥热之温。温法要掌握尺度，药既要对证，也必须适中，药过病所，温热药的刚燥之性就难免有伤阴之弊。温药要掌握好配伍。真寒假热，阴盛格阳，要用白通汤加童便、猪胆汁反佐温之。《伤寒论》"附子汤"中配用白芍就起到温而不燥的作用；急救回阳的"四逆汤"中有甘草，甘以缓之；《金匮要略》的肾气丸是水中补火，取温而不燥之意。故一般不能用纯温热之药拼凑起来去治病（详见"辨药配伍用量"部分）。

（3）清法

寒而勿凝。清法是外感热病常用之法。蒲老认为，凡用清法，就须考虑脾胃，必须凉而勿伤、寒而勿凝。体质弱者，宁可再剂，不可重剂，避免热证未已、寒证即起之戒。临床若遇到狂躁，脉实，阳盛拒阴，凉药入口即吐，则在适用之凉药中佐以少许生姜汁为引，或用姜汁炒黄连反佐以利药能入胃。热证用凉药，若少佐热药能既不伤胃，又使寒药不凝滞，起到运药的作用。蒲老认为，半夏邦佐治白喉热证，以黄连解毒汤加僵蚕、附子是一苗头，"用附子者，用寒勿远热，驾诸药而不凝滞，反佐而能捣其巢，攻坚破结"。

（4）补法

"补而不滞"也可依据配伍用量来实现。蒲老认为，补法的最高境界是达到"气以通为补，血以和为补"，即补而不滞。如补中益气汤中甘温的黄芪少佐陈皮以流通气机，防止黄芪致气壅。如"眩晕"一案，证属中虚脾弱夹痰，蒲老用补中益气汤加味，炙黄芪用四钱，陈皮用一钱五分。"胸痹（心绞痛）"案病情稳定后，以人参养荣汤以资巩固，其中黄芪用二钱，陈皮用七分。六味地黄汤中用大量熟地配以适量的泽泻、茯苓，以达补而不腻、补中有泻的效果。补药、泻药用量相当的方剂又可以为补消兼施法。

多项虚损时，应权衡孰重孰轻以施量。如《蒲辅周医案》"眩晕二（高血压）"案中，患者四年来血压波动在140～190/70～120毫米汞柱之间，症见头晕心悸、心烦懊侬。先生据脉沉迟，舌质不红，体胖肢胀，乏力溲频，诊为阳虚湿盛，即予附子汤加龙骨、牡蛎、杜仲、枸杞子、桑寄生、狗脊。初诊附子用4.5克。五剂后二诊时患者腰已不痛，头晕亦减，脉由沉迟转为沉细迟，蒲老辨为阳虚湿盛，阴亦不足，加熟地黄6克益阴，而附子用量加大到18克。又五剂。三诊时患者头晕又减，脉转弦缓，病势已减，故附子又减为4.5克。十五剂诸症尽除，血压正常。此案二诊时，原方似已见效，但此时蒲老结合脉症，尤其是脉象，断为患者不仅阳虚之象没有明显改善（仍为沉迟），而且出现了阴分不足之征象（沉迟兼细）。此时蒲老虽立法阴阳兼顾，但仍以温阳为主，附子从4.5克加至18克，少加熟地黄6克，顾及阴分不足。五剂药后患者头晕及余症俱见好转，血压已降至正常（118/78毫米汞柱），尤其是脉象由沉细迟转为弦缓。蒲老认为此时病势已减，仍以温阳益阴为法，附子又减回4.5克，熟地黄剂量不变，并增加滋肾润肺的枸杞子6克，温阳益阴并重。从此案温阳益阴药的前后配伍用量变化可以看出，蒲老是通过权衡阳虚阴虚的孰重孰轻来确定两类药物的用量多少。当然这里也有考虑附子有一定毒性，不宜大量久用的成分。又如《蒲辅周医疗经验》"气液不足（低热）案"中，患者低热两年余，既见自汗、头晕、身困、脉迟、舌淡的阳气不足之象，又有手足心热等阴液不足的表现。蒲老甘温益气与养阴同用，但以甘麦大枣汤加黄芪甘温益气为主，药味数及药量均重于养阴之品，突出了甘温除热法的治疗主线，同时又顾及了阴液的不足。

另外，在以回阳固阴立法的医案中，蒲老以固阴为主，固阴药药味多、药量重，而回阳（引火归原）药药味少、药量轻。如"热病转寒中（乙脑）"案，一乙脑患者（29岁青年男性）因用寒凉之剂过甚，已由热中变为寒中，热邪被迫，格拒中焦，故取泻心法辛通苦泻。药后邪热顿去而大虚之候尽露，见筋惕肉瞤、肢厥汗出、脉微欲绝，恐将阳脱，急以生脉散加附子、龙骨、牡蛎回阳固阴。其中益气固阴的台党参、麦冬、五味子的用量分别为一两、五钱、二钱，固脱的生龙骨、生牡蛎分别用八钱、六钱，而引火归原的附子用量二钱，剂量不大，尤其在大队益阴敛阴潜阳药中，采用浓煎徐服不拘时，一剂而各症渐减。继进三才汤佐枣仁、石斛、阿胶养阴益胃，未及数剂而瘥。此案患者邪热去而现阳脱之象，此乃前期热邪耗阴，阴不敛阳，故以益阴敛阴潜阳药为主，药味多，总用量超过三两，而回阳之附子仅用二钱。又如"类中风"案，蒲老辨为五志过劳致肝肾真阴虚，真阳浮越于上，肝风将动。先生予育阴潜阳，佐附子引火归原、人参益气，回阳的附子用量每剂三钱，虽然三钱的用量已大于蒲老附子用量的平均值，但方中仍以育阴潜镇药为主，如生龙骨、生牡蛎（打）各六钱，煅石决明八钱，灵磁石四钱，生玳瑁（打）三钱，生龟甲（打）六钱，共计三十三钱，从药量比例上看附子用量很小。十剂药后，患者眩晕基本消失。

在随证调量的过程中，药物间量的配伍关系也相应发生着动态变化。如阴虚阳亢的病证，初起平复亢阳，以重镇药为主，药味多，用量大，随着阳亢症状的好转，重镇药逐渐减少药味，减轻药量，益阴药则要逐渐增加用量，如类中风案。阳虚阴亦不足的病证，随着阳虚症状的缓解，以补阳为主逐渐转向益阴为主，相应地减少补阳药的药量、药味，增加益阴药的药量、药味。又如湿热郁遏的病证，初起以清热利湿药为主，随着热减，要逐渐增加养阴药的药味、用量。

3. 辨药配伍用量——制约药物偏性

药物在方剂中行使作用，有一些药物因其偏性或与病性（证之寒热）不符，或会产生一些副作用，需要通过恰当的配伍用量制约这种偏性。

（1）黄芪

蒲老认为，黄芪甘温，为补气要药，然又有易致气壅的副作用。《本草经疏》中就有气实者勿用，胸膈气闭闷、肠胃有积滞者勿用，阳盛阴虚者忌之等说法。蒲老通过配伍用量，使黄芪补气而不致气壅、益气而不致伤津（阴），取药之用而弃其弊端。如蒲老认为补中益气汤补中有通，用黄芪一钱，陈皮二三分，以补为主，补药量重，通药量轻。在"眩晕（美尼尔氏综合征）"案（《蒲辅周医案·内科治验》）中，患者属中虚脾弱夹痰，兼心气不足之证，以益中气、调脾胃为治，方用补中益气汤加味，炙黄芪用四钱，陈皮用一钱五分。又如，在"气液两伤（肝炎后发热）"案（《蒲辅周医疗经验·内科治验》）中，一肝炎后发热的男患者，发热已半月余，汗出如洗，不烦不渴，身倦语微，恶风寒，身疼痛，口不知味，胸胁不满，舌质艳红有裂纹，脉弦大按之无力。证属热病汗出过多，卫气不固，气液两伤，治宜固卫养阴。蒲老用甘温复酸甘法，因患者阴伤较甚，故甘温偏燥的黄芪仅用6克，并用玉竹9克以顾阴津。用较小量甘温补气的黄芪与较大量甘寒养阴的玉竹配合使用，患者药后汗出、身疼大减，体温遂降，食纳知味。蒲老辨证施量顾虑周全，尽药之用而又制其偏弊，故病去而不伤正（阴）。

（2）桂枝

蒲老认为，桂枝性味辛温，走营血，舌红者慎用。蒲老通过桂枝与白芍的配伍用量来取其用、弃其弊。桂枝与白芍的配伍使用在蒲老的医案中见于桂枝汤、黄芪桂枝汤、桂枝汤合真武汤等。凡蒲老以调和营卫为法应用桂枝汤治疗慢性心衰、腹泻、阳虚感冒、肝炎后发热、寒湿痹证、风湿病麻木、经行抽搐、产后受风、产后风寒湿痹证、产后恶露不尽、产后血崩不止、月经不调、痛经等病的营卫失和证，桂枝用量均小于等于白芍，且多为小于。如"阳虚感冒"案（《蒲辅周医疗经验·内科治验》）中，花甲某男，素来体弱，脾胃两虚，卫外不固，因劳逸失当，中气受损，复受风邪而感冒。蒲老以黄芪建中汤合新加汤甘温建中，调和营卫，其中桂枝一钱半（4.5克），白芍二钱（6克）。又如"心悸（风湿性心脏病）"案（《蒲辅周医案·内科治验》），患者合并慢性心衰，下肢肿胀，胃气弱，蒲老以调和营卫、温阳利水为法，用桂枝汤合真武汤加味，其中桂枝八分，白芍一钱。但在"产后风寒湿痹"案（《蒲辅周医案·内科治验》）中，患者产后三个月淋雨，虽值夏季，然腰部以下如瘫痪状，两腿疼痛不能移动，只能仰卧，不能翻身。蒲老辨为产后气血虚受风寒，与内湿搏结合而为痹。治以温经散寒、益气固表、调和营卫，以黄芪桂枝汤合术附汤加减为治。其中温经散寒用桂枝9克，却不用白芍，因白芍酸寒恐妨碍附子、桂枝温经散寒之力。三剂症减，续以调气和血，并祛风湿之剂，用黄芪四物汤加桂枝、防风等祛风之品，桂枝继与白芍和营卫入血分，携祛风之剂以温经祛风，桂枝、芍药用量相等均为三钱，因方中尚有生地黄三钱，故不虑桂枝辛温动血耗血之弊。蒲老虑桂枝辛温动血，制以白芍，但用量既不执着于《伤寒论》桂枝汤中桂枝与白芍之比1：1，亦不固定于《金匮要略》建中汤中桂枝与白芍之比1：2，而是灵活运用。和营卫时用桂枝汤，一般情况下白芍用量略大于桂枝，但如病情需要，又可弃白芍而独用桂枝，全凭辨证用药、用量。

（3）附子

蒲老认为附子辛温有毒，为临床温阳的有效药物。蒲老强调附子使用时要掌握好配伍。他认为《伤寒论》"附子汤"中配用白芍，起到温而不燥的作用；急救回阳的"四逆汤"中有甘草，甘以缓之；《金匮要略》肾气丸是于水中补火，皆取温而不燥之义。使附子温阳而不燥，助阳而不使阳亢，需通过配伍用量实现。如便血案（《蒲辅周医案·内科治验》）中，某女性患者，58岁，大量便血，证属中焦虚寒，脾阳失运，气不摄血。服用黄土汤加味温养脾肾，其中用黑附子三钱温阳而"复健行之气"，因附子用量为蒲老附子常用量的较大剂量，又恐附子辛温动血，故佐黄芩二钱（6克）苦寒监制，且又有熟地黄一两、阿胶五钱制附子之燥，五剂后便血已很少。此案蒲老用仲景黄土汤加味，黄土汤原方重用黄土，余药分量均等，然蒲老根据病情，改黄芩用量小于附子用量，使药不过热，但又与全方温养的治则一致，而与治疗方向一致的熟地黄、阿胶本身就可以制约附子的燥烈之性。蒲老通过灵活施量，充分发挥药物的治疗作用，而摒弃其弊端。

（4）川芎及四物汤

四物汤为"治一切血病通用之方"，出自《太平惠民和剂局方·治妇人诸疾》，原方四药（当归、川芎、白芍、熟地黄）用量相等。蒲老则认为川芎用量宜小，大约为当归之半，地黄为当归的二倍。这是源于蒲老对药物的深入了解，他认为川芎辛温，不宜重用久服，若使他药佐之，中病即止可也。四物汤为养血和血之剂，当归与川芎配伍养血行血，但川芎辛温有动血之嫌，故药量宜小。当归与熟地黄配伍养血补血，而熟地黄质地重，故须多用才能起作用。如皮肤湿疹一案（《蒲辅周医案》）中的78岁老妪，四肢湿疹，乃由脾湿化热，兼血燥生风所致。蒲老治以养血清热、祛风除湿为法，其中归尾一钱五分，赤芍二钱，干生地黄三钱，川芎一钱五分，牡丹皮二钱，何首乌三钱，胡麻仁五钱，红花一钱。符合蒲老的川芎量宜小，地黄为当归的二倍的说法。该方突出了养阴凉血活血的作用，在四物汤的基础上，归尾易当归，赤芍易白芍，干生地黄易熟地黄，增加何首乌、胡麻仁等养血润燥之品，突出了四物汤"养""润"的一面；而牡丹皮和其后加用的丹参，是增加生地黄凉血活血的作用，因四物汤中当归、川芎性温，于血燥生风的病性不利，故用生地黄、丹参凉血活血，佐制归归、川芎之温燥。日一剂，共二十剂后，疹渐消，痒亦大减。蒲老通过药物的选择与药量的变化，一方面制约了药物的偏性，另一方面结合病情突出了某一方面的治疗作用，使四物汤的作用有了微妙的变化，切合病情，疗效明显。

王洪蓓等

（九）蒲辅周温热病辨治经验探微

笔者反复阅读《蒲辅周医案》，探悟其治疗温热病的要旨，今不揣浅陋，将个人的体会简述于下，供同道参考。

1. 首辨闭证与脱证，以定开闭与固脱不同的救治方法

闭证、脱证为温热病过程中病势危重的两大证型，能否辨认清楚，是决定治则、把握预后的关键所在。若辨认失误，常危及患者的生命，有"失之毫厘，谬以千里"之虑。闭证主要表现为高热、烦躁。闭于肺则伴鼻翼扇动、喘息、呛咳、憋气、喉痛等症；闭于心包则伴神昏谵语、肢厥；闭于肝则伴抽搐；闭于胃、肠、三焦则呕吐、纳差、二便不通。若为寒闭，则面白、手足不温、痰多色白、不易咳出、舌淡、苔腻色灰黑等，治以透窍启闭为法，依兼证不同，施以不同治法，分别用凉开法、温开法。尚须注意临床常用中成药的应用，如醒脑净、清开灵注射液、凉开"三宝"、牛黄清心丸、苏合香丸等。

脱证以大汗淋漓、二便失禁等为主要表现，以益气固脱、温阳固脱为法，方用参麦饮、参附汤、参附龙牡汤等，常用的中成药有参麦（生脉）注射液、灯盏细辛注射液、参附注射液。过用寒凉或温热之品，则易致冰伏或助热、伤津，为治疗禁忌。

2. 次辨有汗与无汗，确定是否伴有表气郁闭

温热病是由温邪引起的以发热为主症，具有热象偏重，易化燥伤阴为特征的一类急性外感热病。若伴表气郁闭，则热邪不能外泄，表现为高烧不退、无汗、脉浮等。施以汗法，正如《内经》"体若燔炭，汗出而散"所言，使热随汗泄，当遵循当汗则汗，病邪随周身微汗而解的原则，但不能过汗，以免伤阳耗津。

3. 再辨正气、邪气之盛衰，为温热病重症转归的关键所在

《内经》云："正气存内，邪不可干。""邪之所凑，其气必虚。"正气与邪气，是疾病转归过程中的两大要素。正邪交争的结果表现为：①正胜邪祛，则疾病向愈；②正虚邪实，则疾病加重；③正邪交争，相持于某一阶段则疾病相对稳定。治疗时，一方面要祛除病邪，另一方面要处处顾护正气。在祛邪方面应体现吴鞠通的"随其所在，就近而逐之"及"逐其余邪"等观点。在扶正方面，既要强调"顾护津液"和"预护其虚"，又要重视邪正并重、邪正合治的原则。其实，闭证强调邪实的一面；而脱证，则又强调正虚的一面。蒲辅周在临证中，正是准确把握了邪与正这一对矛盾运动的关系，分清主次，予以恰当治疗，才使许多重危患者转危为安，有效地挽救了患者的生命。

4. 重视四时气候变化，因时制宜

温热病因四时气候不同，而有春温、暑温、湿温、伏暑之别。因四季气候变化的不同，兼夹的病邪亦不一样。如春寒则春温易伴风寒郁闭之证；暑温之夏暑季节，暑邪过盛，极易化火伤阴，热陷心肝；湿温之长夏季节，若湿邪过盛，则常出现湿邪郁表，或弥散三焦之证；伏暑常因燥邪过盛，易致伤津耗精之证；凉燥易出现寒邪郁表之证。故在诊治时，既要虑其常，又要考其变，才能做到"知常达变，防患于未然"。

5. 始终以固护胃气为本，为治疗、康复营造最佳条件

古语道："有胃气则生，无胃气则死。"说明胃气是决定一个人体质强弱，生死攸关的重要标志之一。温热病过程中不可避免地要用苦寒之剂，若处理不好轻重缓急，则极易伤及胃气。所以，顾护好胃气，对疾病的治疗、康复至关重要。在温热病的治疗过程中，应力求祛邪勿伤正，扶正亦能逐邪。虚实互见者，则攻补兼施。因苦寒、重剂易伤脾胃，湿邪易遏脾，温热（燥邪）易耗阴、伤阴，且体质不同，易从阳化热，或从阴化寒。故蒲辅周常强调"凉而毋凝"，注意轻重缓急，中病即止，防止一见发热，不分表里、寒热、虚实，就用清热解毒之剂，结果既伤了胃气，又造成冰伏之证，则邪难去，正难复。药再好，亦要通过人体来发挥作用，若胃气一伤，不但气、血、津、液化生无源，药物的吸收利用亦受阻，何谈治病救人呢？可见顾护胃气何等重要。另外，蒲辅周常在大对寒凉药中，佐少量生姜等，印证了吴鞠通"过用苦寒，致伤胃阳，亦间有少用刚者"的思想，体现了其学以致用的治学原则。

6. 不独"辨舌验齿"，强调四诊合参，避免犯"虚虚实实"之戒

纵观伤寒与温病，前者重脉象，后者重舌象，已为大家之共识。由于温热病发病急骤，传变迅速，病势重，而舌象的变化又较快、较敏感，且舌苔由胃气熏蒸而形成，故"辨舌验齿"成为温热病辨证的要素之一。在温热病过程中，舌苔的变化主要反映卫分和气分的病变，尤能反映出病邪的性质和津液的盈亏；通过舌质辨热入营血的病候，尤能反映出邪热的盛衰和脏腑、营血、津液的盈亏。蒲辅周强调脉象虽能辨虚实、度邪气之盛衰，但四诊合参最能反映证的准确性，临证时尤应注意，不可偏废，以免做出错误判断。

7. 重视善后调养，最大限度恢复体能

善后调养，是疾病康复的重要环节。温热病最易伤及人体阴津，故顾护阴津成为温热病善后调养的不二法则。蒲辅周的善后调养体现在以下几个方面：①重视饮食调养，遵《内经》"食养尽之"的原则，饮食以富含营养、易消化为宜，以扶胃气为重；②避免风、寒、暑、湿、燥邪，以防感冒、伤湿、伤暑、伤燥；③劳逸结合，适度户外活动，循序渐进，促进体能康复；④药物善后以恢复阴津为要务，但应做到气虚者补气，阳虚者扶阳，轻灵和缓，以免"稍重则滞、稍腻则呆、稍温则燥、稍凉则重伤阴液"。《内经》云："有者求之，无者求之，微者责之，盛者责之。"说明善后调养并无定法，全靠医者临证细心分析，寻找恰当的调治方法。蒲辅周的这些善后经验内容丰富，切合临床实际，值得效法。

总而言之，温热病之来路有二，呼吸与皮毛；病之去路有三，汗、吐、利。

蒲辅周的经验为：温病最怕表气郁闭，热不得越；更怕里气郁结，秽浊阻塞；尤怕热闭小肠，水道不通，热遏胸中，大气不行，以致升降不灵，诸窍闭滞。治法总以透表宣膈，疏通里气，清小肠，不使热邪内陷或郁闭为要点。治疗应依邪之深浅、体质之强弱、正气之盛衰，分清闭证、脱证，确立治之缓急、方之大小、善后调养之法度，始终以顾护胃气为要务，才能做到"扶其所主，先其所因"。这也折射出蒲辅周娴熟于经典，又把经典应用得炉火纯青的功力所在。

梁永忠

川派中医药名家系列丛书

蒲辅周

学术传承

蒲辅周的门人弟子众多，主要分为四种人。第一种是中华人民共和国成立前的入门弟子，如薛崇成、郑松君等。第二种是中华人民共和国成立后组织安排的学生，如高辉远、薛伯寿、陈鼎祺等。第三种为私自上门求教、学习蒲辅周理论思想而自认为其门人弟子者，如何绍奇等。第四种为子女传承，如蒲志孝、蒲志兰等，以蒲志孝为代表。

这些门人弟子都在继承蒲辅周学术思想和临床经验中有所发展，各有所建树，不少人都在其精湛的医术和高尚的品格影响下成为一方名医、一代名医，亦或是中医界的栋梁与大师。一些弟子还一丝不苟、精勤不倦地整理蒲辅周的医案、医话、论文著作，总结其学术特点和临证精髓，使其学术得以更好地继承和发展。

薛崇成

薛崇成（1919—2015），中国中医科学院荣誉首席研究员，享受国务院特殊津贴专家。出身于中医家庭，1935年拜名医蒲辅周为师，1937～1939年在四川国医学院学习中医，1948年毕业于华西医科大学，获医学博士学位。1952年起先后四次调入中国中医科学院（原中医研究院）工作。他致力于中西医结合的神经内外科、精神病学、中医、针灸经络等方面的科研与临床工作，成绩卓著，尤其在中医心理学的人格与体质方面颇有建树。薛崇成编著了《临床周围神经功能解剖学》，这是以我国传统歌诀体裁编著现代医学的第一本书。蒲氏一门对针灸涉及较少，薛崇成是先学中医，再学西医，后做针灸。在学术上，1955年早期他发表的关于阴阳概念的文章，至今未被现在的中医学基础教材超越。1983年，他与四川绵阳精神病院合作，对电针抽搐治疗做了系统的比较研究，使电量减为传统的3.64%，疗效得以提高而副作用大减。结合督脉和神经学理论，他提出了该治疗的作用为"调整大脑中线结构功能"的理论。文章在《美国抽搐治疗杂志》发表后，该杂志不仅发表社论表示认同，而且还表现出学习东方医学的愿望，《美国精神科杂志》亦承认这是四十余年该治疗领域的突破。当年，中医中药的文章用外文发表且得到美国医学杂志认可者较少，可见薛崇成在针灸领域的专业。至

2015 年薛崇成 96 岁高龄时，已在杏林耕耘了整整 80 年，硕果累累。晚年，薛崇成将自己的学术思想凝练为 40 个字：遵守医道，继承发扬；知己知彼，汇通创新；宏微并重，心身兼顾；主防辅治，务实疾虚；怀仁怀义，自尊自重。

高辉远

高辉远（1922—2002），名达，湖北省蕲春县人。自幼随父习医侍诊，15 岁独立行医。1952 年 4 月经该县政府保送到黄冈专属中医进修班学习。1954 年 4 月进入中央卫生部中医进修班学习，毕业后因品学兼优选调中医研究院内外科研究所工作。1958 年始受业于当代著名中医学家蒲辅周先生长达 17 年之久，尽得蒲氏医学真传。1972 年 1 月正式调入中央警卫局第 305 医院，担负老一辈无产阶级革命家和中央首长、军委领导的中医保健工作。他曾十多次受嘉奖，多次被评为先进工作者和优秀共产党员，一次荣立三等功，军队卫生技术 3 级（副军级），并为首批获国务院批准享受政府特殊津贴的专家教授。1990 年被人事部、卫生部、国家中医药管理局遴选为首批全国老中医药专家学术经验继承工作指导老师。

徐振盛

徐振盛（1930— ），著名中医内科专家，主任医师，研究生导师。曾师从于我国著名中医学家蒲辅周，继承蒲辅周内、妇、儿科医疗经验二十年；担任周恩来、邓小平、叶剑英、邓颖超等中央首长的保健工作十余年；曾任中医科学院广安门医院内科主任，国家中医药管理局急症胃痛协作组组长，全国中医内科学会脾胃病专业委员会委员；撰写了《蒲辅周医案》《蒲辅周医疗经验》等多部著作，发表学术论文三十余篇；主持研制的温中止痛口服液、理气止痛口服液、清化止痛口服液，荣获中医研究院科技成果三等奖，其中温中止痛口服液、理气止痛口服液荣获北京市科技进步奖。

薛伯寿

薛伯寿（1936— ），蒲辅周的入室弟子，是中医科学院广安门医院主任医师、中央保健会诊专家、全国老中医药专家学术经验继承工作指导教师、全国中医药传承博士后合作导师，获得第三届"国医大师"的称号。薛伯寿精通经典，旁及各家，擅长治疗发热性疾病及内、妇、儿科疑难病症。他从事中医临床工作近六十年，坚持在临床一线，看病极多且广，疗效显著。他曾参与编写了《蒲辅周医案》和《蒲辅周医疗经验》，两书均获得了全国科技大会奖，还主编了《蒲辅周学术医疗经验——继承心悟》。他致力于蒲氏学术医疗经验的再传承，培养了众多优秀的临床人才，1986年被国家科委批准为国家级有突出贡献的中医科技专家，享受国务院政府特殊津贴，三次获传承贡献大奖，为"全国医德标兵"、第二届北京西城区"百名英才"，是众多弟子中健在且发展得最好的一个分支。

他崇尚仲景学说，常谓："《伤寒论》理详法备，为方书之祖、临床证治的规矩准绳。"他几十年来反复研究，拓展经旨，活用仲景法与方，取得了很好的临床疗效。他在治疗外感热病时，融会贯通伤寒六经辨证，结合后世诸家理论，临床悉心体悟，提出"伤寒六经皆有表"的说法。他认为，外感热病首先必须分清表里，最怕表郁而热不得越。太阳为六经藩篱，故太阳主表。外邪侵袭，由表入里，由浅入深，为必然之理。邪在表，透邪外出之"汗法"为八法之首，故太阳病主要讲汗法透邪；少阳主腠理，为半表半里，不可发汗，然得汗而解；一般而论，阳明主肌肉属里，三阴统属里，然必须领悟伤寒六经皆有表，方知辨表里之奥秘。"阳明之为病，胃家实是也。"胃而称家，不惟赅手足阳明在内，胃为六腑之长，其他各腑则同为胃家的一分子。阳明为阖，阖则主内、主里。白虎汤是经证、承气汤是腑证，治法有清、下之异。

李兴培

李兴培（1939—　），是自学研究蒲辅周文献成就最多者，而且是第一个集蒲学之大成者。

蒲志孝

蒲志孝（1941—　），蒲氏中医第四代传人，蒲辅周学术研究会会长。幼承家学，师从先父蒲辅周先生，深得其真传。蒲志孝从事中医临床工作五十年，具有扎实的理论基础和丰富的临床经验，擅长中医内科、妇科常见病的治疗及疑难急危重症患者的中医治疗、抢救，全面继承了蒲辅周衣钵，并遵仲景"勤求古训，博采众方"教诲，努力学习各家之长且潜心学习现代医学，经过几十年积累，形成了独有的理论体系和辨证思维方法。蒲志孝发表了《蒲辅周医论系列》《蒲辅周医话》《肝气虚肝阳虚简论》等论文。

川 派 中 医 药 名 家 系 列 丛 书

论著提要

蒲 辅 周

1956 年 10 月～1957 年 9 月，蒲辅周先后在《中医杂志》上发表了《参加治疗流行性乙型脑炎的一些体会》及《流行性乙型脑炎中医辨证施治的一般规律》等经验总结。此后，蒲辅周又对腺病毒肺炎、冠心病和肿瘤等疾病进行观察研究，总结治疗规律，取得较大成绩。

著作中已出版的有《中医对几种急性传染病的辨证论治》《中医对几种妇女病的治疗方法》《蒲辅周医案》《蒲辅周医疗经验》《温病述义》等，尚有《介寿堂随笔》未能出版。

《蒲辅周医案》是根据蒲辅周先生部分门诊和会诊的病案进行整理的。蒲辅周配方严谨，药味少，剂量小，价格廉，效果好。每个病案下的按语体现了蒲辅周的具体治疗思路。

《蒲辅周医疗经验》收载了蒲辅周关于中医基础理论、中药、方剂学知识及部分疾病治疗经验的论述，以及蒲辅周经治的内、妇、儿科疾病及其他杂病案例。

《中医对几种急性传染病的辨证论治》收集了蒲辅周关于几种传染病治疗方面的学术报告与论文，介绍了蒲辅周治疗传染病的临床经验，尤其对流行性乙型脑炎及重症肺炎的辨证论治取得了重大成果。蒲辅周对中医防治传染病方面的正治、权变、救逆治法颇有创见，对中医的发展做出了贡献。对于流行性乙型脑炎的治疗，他区分出偏热、偏湿两种不同类型，治愈了若干坏证。在重症肺炎方面，他灵活地运用宣透、表里两解、清热救阴、生津固脱等治法，还总结出救逆的治法。所有这些，给学习中医的同志提供了可贵的理论和经验。

《中医对妇科几种病的辨证论治》收集了蒲辅周对几种常见妇科病诊断、分型、治疗等方面的经验，用药简明而实用，其理论与经验颇有参考价值。

学术年谱

川派中医药名家系列丛书

蒲辅周

1888 年 1 月 12 日（光绪十四年十二月），出生于四川省梓潼县。

1895～1902 年，读私塾、小学。7 岁上私塾，11 岁涉猎诸子散文。

1903～1905 年，15 岁，随祖父学医。

1906 年，18 岁，独立开业于乡间。

1907～1912 年，其父于梓潼县正北街开"培仁堂"，后有制药室，炮制中药兼膏、丸、散剂。蒲辅周参与制药。

1917 年，至成都开业。

1918 年，闭门读书三年。

1921 年，复在梓潼县城挂牌行医。

1927 年，选为四川省梓潼县商会评议员。

1931 年，倡议成立梓潼县"同济施医药社"，喜得长子，取名志忠。

1932 年，置田二十亩，创西河义渡。

1933 年，选为四川省梓潼县第一区区正，数月后因病辞职。

1934 年，买田五十亩办"同济施医药社"，请名医免费为贫困者诊病、捡药。蒲辅周成为梓潼有口皆碑的名医，又赴成都，于暑袜北一街 158 号开业行医。

1936 年，在成都兴办"同济施医药社"，并与泰山堂订下合同，无钱买药的患者经他免费诊断后，可持他的特定处方去泰山堂抓药，账记在他名下，由他定期去结算。

1938 年，应聘成都成功中学兼职校医，炮制的中成药"九子地黄丸"等疗效佳，时时脱销。

1940 年，在成都接三弟来信，报梓潼霍乱流行，一天死数十人。他面戚心悲，汇回二百个大洋及处方一张，要三弟将治霍乱的药方抄写四处张贴，将汇款买药，半价发售，贫穷的分文不收，为救助众乡亲做出了特殊贡献。

1941 年，53 岁喜得第二子，取名志孝。而立之年志孝即成名医。

1945 年，成都麻疹流行，蒲辅周经常涉水到御河边和城墙边免费诊治劳动人民。

1950 年，响应政府号召，进入成都东城区联合诊所。

1953 年，当选为东城区人民代表。

1954 年，受聘成为成都铁路局中心医院特约医师。

1955 年，在成都参与了第一人民医院的脑炎防治工作。调至中医研究院工作之前，专程回梓潼为乡亲挂牌义诊三天，早起晚睡，不顾劳累，被乡亲们传为美谈。同年奉调中医研究院（火车至渝转搭轮船赴汉，再车赴京）。

1956 年，蒲辅周翻阅文献，通过仔细观察，全面分析，改用湿温法诊治脑炎，遣用杏仁滑石汤、三仁汤等芳香化湿、通阳利湿之方剂获效，使许多垂危患者起死回生，挽救了大量患者的生命。《参加治疗流行性乙型脑炎的一些体会》在《中医杂志》第 10 期发表。

1957 年，《中医杂志》第 9 期发表论文《流行性乙型脑炎中医辨证施治的一般规律》。

1958 年，对流行性乙型脑炎、腺病毒肺炎、冠心病和肿瘤等疾病做重点观察，总结治疗规律，独辟蹊径，辨证论治，挽救了众多患者的生命，显示了蒲辅周医术弘深的功底，为发展中医临床做出贡献，并被业界公认，取得巨大成绩，被卫生部破格晋升为一等一级专家。

同年，在中医研究院加入中国农工民主党，收弟子高辉远，担任中央领导保健医师。论文《从治疗乙型脑炎的临床实践体会谈中医辨证论治的优越性》在《中医杂志》第 10 期发表。整理出版了《中医对几种妇女病的治疗方法》。

1959 年，论文《中医治疗乙型脑炎的辨证论治规律及预防思想》在《中医杂志》第 5 期发表。

1960 年，蒲辅周 72 岁时在中医研究院收弟子陈鼎祺，《中医对几种急性传染病的辨证论治》出版。

1961 年，论文《答李翼农先生》在《中医杂志》第 1 期发表。

1962 年，74 岁的蒲辅周加入了中国共产党，当选第三届全国政协常委，收弟子徐振盛。

1963 年，75 岁时开始整理《介寿堂随笔》，收弟子薛伯寿。

1965 年，77 岁当选为第四届全国政协常委，任中医研究院副院长、国家科委中医专题委员会委员。

1966 年，78 岁，任中医研究院党委委员、中华医学会常务理事、中国农工民主党中央委员、中央领导保健医师，主要担任 10 级以上首长和外国领事人员、中联部外宾中医门诊保健任务。

1972 年，高辉远整理出版了《蒲辅周医案》。

1975 年，当选为第四届全国人大代表。是年 4 月 29 日，病逝于北京，享年 87 岁。其骨灰一半安放于八宝山，一半经特批运回梓潼县安葬于丝公山，梓潼县委、县政府为这位名医立了碑。

附 录

川派中医药名家《蒲辅周》研究课题组成员名单

刘建　蒲志孝　何仙童　何正显　秦晓明　费一轩　杨静　高锋　姜涛　廖运龙　赵娜　李正荣　何运胜

主编刘建 2014 年中秋诗韵蒲辅周

国医圣手——蒲辅周赞

家学励志弘岐黄，二上蓉城显技长，

橘井泉香倡寒温，巴蜀京都供青囊。

治疫奥理巧解详，方用平奇善通旁，

耄耋疗疴白头翁，蒲学川派作津梁。

参考文献

川派中医药名家系列丛书

蒲辅周

［1］张存悌.中医火神派探讨［M］.北京：人民卫生出版社，2007

［2］中国中医研究院.蒲辅周医疗经验［M］.北京：人民卫生出版社，2005

［3］蒲志兰.中国百年百名中医临床家·蒲辅周［M］.北京：中国中医药出版社，2004

［4］中国中医研究院.蒲辅周医案［M］.北京：人民卫生出版社，2005

［5］周凤梧，张奇文，丛林.名老中医之路［M］.济南：山东科学技术出版社，2005

［6］邢斌.危症难病倚附子［M］.上海：上海中医药大学出版社，2006

［7］朱步先，朱胜华，蒋熙，等.朱良春用药经验集［M］.长沙：湖南科技出版社，2002

［8］朱良春.朱良春医集［M］.长沙：中南大学出版社，2006

［9］何绍奇.读书析疑与临证得失［M］.北京：人民卫生出版社，2006

［10］朱雄华，蔡忠新，李夏亭，等.孟河四家医案［M］.南京：东南大学出版社，2006

［11］刘林，肖群益.杨栗山治温病学术思想与用药特色分析［J］.中华中医药杂志，2012，
　　　27（6）：1962-1964.

［12］中国中医研究院.岳美中论医集［M］.北京：人民卫生出版社，2008

［13］蒲辅周.中医对几种急性传染病的辨证论治［M］.北京：人民卫生出版社，1960

［14］蒲辅周.流行性乙型脑炎（第一辑）［M］.北京：人民卫生出版社，1958

［15］高辉远.蒲辅周医案［M］.北京：人民卫生出版社，1972

［16］蒲辅周.中医对几种妇女病的治疗法［M］.北京：科学普及出版社，1958

［17］张镜源.中华中医昆仑（第二集）［M］.北京：中国中医药出版社，2012

［18］李兴培.蒲辅周研究［M］.乌鲁木齐：新疆人民出版社，1990

［19］于有山.高辉远［M］.北京：中国中医药出版社，2004

［20］绵阳地方志办.绵阳古今名人选［M］.成都：四川人民出版社，1999

［21］薛伯寿.蒲辅周医疗经验［M］.北京：人民卫生出版社，2000

［22］何正显.中医学学用歌诀［M］.北京：人民卫生出版社，2011

［23］朱世增.蒲辅周论温病［M］.上海：上海中药大学出版社，2009

［24］张问渠.现代著名老中医临床诊治荟萃［M］.北京：科学技术文献出版社，1986

［25］丛春雨.近现代25位中医名家妇科经验［M］.北京：中国中医药出版社，2012

［26］李孔定.绵阳市现代名医录［M］.绵阳：绵阳市卫生局，绵阳市中医学会，1987

［27］林致远.大国医［M］.天津：天津科学技术出版社，2012

［28］董历华，王璞，王嘉伦，等.蒲辅周运用黄芩治疗温病经验举隅［J］.世界中医药，
　　　2013，8（10）：1210-1212

［29］王亚芬.略论《蒲辅周医案》［C］.中华中医药学会第九届中医医史文献学术研讨会
　　　论文集萃.北京：中华中医药学会，2006

［30］陈新宇.蒲辅周临床制方遣药规律初探［J］.湖南中医学院学报，2000，20（3）：
　　　43-44

［31］王洪蓓，张林，傅延龄.蒲辅周方药配伍用量规律探［J］.世界中医药，2014，9（1）：
　　　18-21